Originalausgabe
1. Auflage
© 2021 Dressler Verlag GmbH, Max-Brauer-Allee 34, 22765 Hamburg
ellermann im Dressler Verlag GmbH · Hamburg
Alle Rechte vorbehalten
Einband und farbige Illustrationen von Marie Braner
Text von Henriette Wich
Druck und Bindung: Livonia Print SIA,
Ventspils iela 50, LV-1002 Riga, Lettland
Printed 2021
ISBN 978-3-7707-0231-2

www.ellermann.de

Henriette Wich

KOMM MIT AUF VORLESEREISE

Unterwegs in Europa

Mit Bildern von Marie Braner

ellermann im Dressler Verlag GmbH · Hamburg

Inhaltsverzeichnis

Post von Tante Mondo
Zu Hause

Der Tag fing ganz harmlos an. Helle Sonnenstrahlen
weckten Jakob. Die Vögel vor seinem Fenster zwitscherten,
und Papa klapperte in der Küche mit Tellern und Tassen.

Voll gemütlich, fand Jakob und kuschelte sich noch mal unter die Bettdecke.

»Rumms!«, machte es im Zimmer nebenan. Es raschelte, polterte und
quietschte. Dann flog Jakobs Tür auf.

»Aufwachen, Schlafmütze!«, rief Hanna. »Ich will in den Zoo.«

Jakob kniff die Augen fest zusammen. Manchmal fiel seine Schwester darauf herein. Heute leider nicht. Mit einem Ruck zog sie ihm die Bettdecke
weg und kicherte. »Soll ich dich an den Zehen kitzeln? Das magst du doch
so gern.«

»Na warte!« Jakob sprang aus dem Bett und rannte seiner Schwester
hinterher. Kreuz und quer jagte er sie durch den Flur, bis er sie endlich
geschnappt hatte.

Hanna grinste ihn an. Mit ihrer Zahnlücke sah sie aus wie eine Piratin. »Dafür, dass du erst sechs bist, kannst du ganz schön schnell rennen«,
stellte sie fest.

Er streckte ihr die Zunge heraus. »Und dafür, dass du schon acht bist,
kannst du ganz schön nerven!«

»Blödmann!« – »Ziege!« – »Langweiler!« – »Trampeltier!«

Sie schnappten nach Luft, starrten sich an und lachten gleichzeitig los. Dann liefen sie gemeinsam in die Küche.

Papa stand am Herd und brutzelte Spiegeleier. »Ihr seid ja schon wach.« Er gab beiden einen Kuss auf die Nasenspitze. »Na, was wollt ihr heute machen?«

»In den Zoo gehen!«, rief Hanna.

»Die Kugelbahn aufbauen«, sagte Jakob.

Papa lachte. »Am besten frühstücken wir erst mal. Danach besprechen wir das mit Mama.«

»Super Idee.« Mama kam im Bademantel in die Küche. »Wer will Kakao?«

»Ich!«, riefen Hanna und Jakob.

Nach dem Frühstück fing Hanna wieder vom Zoo an. »Gehen wir jetzt los? Soll ich schon mal meinen Roller holen?«

Mama seufzte. Sie zeigte aus dem Fenster zum Fliederstrauch und lächelte Papa an.

Der nickte. »Oh! Ja, stimmt. Ich weiß.«

Jakob fand es doof, wenn sich die Eltern in ihrer Geheimsprache unterhielten. »Also doch Kugelbahn?«, fragte er hoffnungsvoll.

Da seufzten beide, und Mama holte tief Luft. »Ein andermal. Und der Zoo muss leider auch warten. Heute ist der erste schöne Frühlingstag. Im Garten gibt es jetzt so viel zu tun.«

»Ja, genau«, sagte Papa. »Laub vom letzten Herbst wegrechen, Unkraut zupfen. Für euch habe ich auch was Spannendes: Ihr dürft Karotten aussäen.«

Hanna schmollte. »Ganz toll, megaspannend.«

»Keine Lust!«, sagte Jakob und stöhnte.

Aber Mama und Papa ließen leider nicht locker. Also gingen sie zu viert in den Garten. Mama machte im Beet eine Kuhle. Da streuten Hanna und Jakob die Karottensamen hinein.

»Ding-dang-dong!«, klingelte es an der Haustür. Hanna und Jakob sahen das Postauto vorne an der Straße stehen. Die Gartenhandschuhe flogen auf den Rasen.

»Wir gehen schon!«, rief Hanna und flitzte los. Jakob rannte hinterher.

Der Postbote hatte ein großes Paket in den Armen. »Ihr kommt genau richtig, Kinder. Das Paket ist für euch. Hier muss nur noch einer von euch unterschreiben.«

Hanna war so aufgeregt, dass ihr Name ganz krakelig wurde. Die Geschwister sagten Tschüss und trugen das Paket ins Haus hinein. Vorsichtig legten sie es auf dem Küchentisch ab.

»Es ist von Tante Mondo!«, rief Hanna.

Mondo war ihre Lieblingstante. Eigentlich hieß sie Monika, aber weil sie ständig in der Welt herumreiste, wurde sie von allen in der Familie Mondo genannt. Das war Italienisch und bedeutete »Welt«.

Jakob kratzte sich verwundert an der Stirn. »Aber wir haben gar nicht Geburtstag, und bis Weihnachten dauert es noch ewig.«

Hanna lachte. »Ist doch egal. Komm, wir machen das Paket gleich auf.«

Sie rissen das braune Packpapier herunter. Eine Postkarte und eine Pappschachtel kamen zum Vorschein.

»Ein Puzzle!«, freute sich Jakob.

Hanna krauste die Nase. »Was ist das denn? Das Bild sieht wie ein Flickenteppich aus.«

Jakob buchstabierte die Überschrift: »Europa«.

Hanna stupste ihren Bruder begeistert an. »Jetzt weiß ich's! Die bunten Flicken sind die Länder, die zu unserem Erdteil Europa gehören. Das hatten wir schon mal in der Schule. Und es stehen ja auch die Namen der Länder auf den Puzzleteilen. Guck mal, hier zum Beispiel steht Italien, und da sind wir: Deutschland!« Sie tippte auf das rote Feld.

Jakob sah sich das Puzzle genauer an. »So viele Teile! Schön knifflig. Genau das Richtige für mich.«

»Wie gut, dass du so gerne puzzelst«, sagte Hanna. »Aber jetzt sollten wir erst mal die Postkarte von Tante Mondo lesen. Ich bin total gespannt, was sie geschrieben hat.«

Auf der Vorderseite der Karte war ein Foto von Tante Mondo. Sie saß in ihrem roten Sessel im Wohnzimmer, trank Tee und strickte einen Schal mit Zickzackmuster. Vor ihr auf dem Tisch stapelten sich Puzzles und Zauberbücher, die sie selbst geschrieben hatte.

Hanna las vor, was auf der Rückseite der Postkarte stand.

Liebe Hanna, lieber Jakob,
na, ist mir meine Überraschung geglückt?
Das freut mich!
Ihr wundert euch bestimmt, warum ich
euch ein Puzzle schenke. Also, das ist so:
Ihr wisst ja, dass ich schon viele ferne
Länder gesehen habe. Jetzt möchte ich
nicht mehr in die Ferne schweifen, son-
dern durch Europa reisen. Es gibt so
viele tolle Länder bei uns. Habt ihr
auch Lust, Europa kennenzulernen?
Dann steigt in den Zug!
Bis bald,
Tante Mondo
PS: Übrigens fahre ich zuerst nach Griechenland.

Jakob durchwühlte das Packpapier. »Aber da sind gar keine Bahntickets dabei!«

»Das versteh ich jetzt nicht.« Ratlos legte Hanna die Postkarte auf den Küchentisch. Warum hatte Tante Mondo das Wichtigste vergessen?

Jakob war enttäuscht. Er hatte sich schon so auf seine erste große Bahnreise gefreut.

»Komm«, tröstete Hanna ihren Bruder. »Dann machen wir jetzt wenigstens das Puzzle. Oder willst du lieber Mama und Papa im Garten helfen?«

Jakob verzog das Gesicht, als ob er in einen sauren Apfel gebissen hätte. Dann schnappte er sich die Schachtel und schüttete die Puzzleteile auf den Küchentisch. Mit den verschiedenen Farben konnte man sie gut auseinanderhalten. Und das Bild auf der Schachtel half Hanna und Jakob beim Zusammensetzen.

»Fertig!«, rief Jakob eine halbe Stunde später. Stolz fügte er das letzte Teil ein.

»Von wegen fertig!«, stöhnte Hanna. »Da fehlen ja ganz viele Teile.«

Tatsächlich: Das Puzzle sah aus wie ein Käse mit ganz vielen Löchern.

Plötzlich sprang Jakob vom Stuhl auf. »Ich hab den Zug gefunden! Da oben rechts in der Ecke.« Er nahm das Puzzleteil heraus.

Hanna klatschte in die Hände. »Du bist super.«

Jakob drehte das Teil um. Auf die Rückseite hatte Tante Mondo etwas draufgeschrieben. Hanna las vor.

Bitte berührt mich!
Macht die Augen zu und denkt an ein Land,
das im Puzzle fehlt.
Gute Reise!

Aber welche Länder fehlten denn eigentlich? Hanna sah sich das Bild auf der Schachtel noch mal genau an und fotografierte es mit ihrem Handy. Jakob ging inzwischen zum Fenster. Mama und Papa rupften fleißig Unkraut. Es gab *sehr* viel Unkraut in den Beeten.

»Sollen wir?«, flüsterte Hanna.

»Jetzt gleich?«, flüsterte Jakob.

Hanna nickte entschlossen. »Wir fahren nach Griechenland! Da ist Tante Mondo ja auch zuerst hingereist.«

Jakob steckte die Postkarte in seine Hosentasche. Hanna holte schnell noch ihren Rucksack. Danach legte sie feierlich die rechte Hand auf den Zug, und Jakob legte seine linke Hand daneben. Sie machten die Augen zu und dachten an Griechenland. Erst passierte gar nichts und dann ganz viel auf einmal. Plötzlich drehte sich alles. Sie fühlten sich so leicht. Sie schwebten! Und schon wurden sie herumgewirbelt, immer schneller und schneller.

Wer hat das schönste Geschenk?
Griechenland

Der Wind pfiff Hanna und Jakob um die Nase. Es rauschte in ihren Ohren. Irgendwann drehten sie sich langsamer, und endlich spürten sie wieder festen Boden unter den Füßen.

Jakob war noch ganz schwindelig. »Meinst du, wir können die Augen jetzt wieder aufmachen?«, fragte er leise.

»Miau«, bekam er zur Antwort.

»Sehr witzig, Hanna!« Jakob blinzelte, als seine Schwester nichts darauf sagte.

Eine Katze saß ihm direkt gegenüber und sah ihn mit ihren moosgrünen Augen neugierig an. Sie schleckte sich die Pfoten, sprang die Treppe hoch und verschwand hinter einer Säule.

Hanna pfiff durch die Zähne. »Ich glaub's nicht! Es hat wirklich geklappt. Wir sind in Athen, der Hauptstadt von Griechenland, mitten auf der Akropolis!«

»Akropopo-was?«, fragte Jakob.

Hanna lachte. »Akropolis«, wiederholte sie. »Eine Festung aus dem antiken Griechenland mit ganz vielen Tempeln. Tante Mondo hat uns doch mal davon erzählt.«

»Kann schon sein«, murmelte Jakob. Mit offenem Mund stieg er die

Treppe hoch und bestaunte die Tempelanlage. Hier sah es so aus, als ob die Griechen früher mit riesigen Bauklötzen gespielt und sie dann oben auf dem Berg fallen gelassen hatten.

Hanna streckte ihr Gesicht der Sonne entgegen. In Griechenland war es viel wärmer als zu Hause in Deutschland.

Eine Touristengruppe ging an Hanna und Jakob vorbei. »Eláte mazí mou!«, sagte der Reiseführer.

»Das gibt's nicht!«, flüsterte Hanna ihrem Bruder zu. »Er hat *Kommen Sie mit!* gesagt. Ich verstehe Griechisch. Du auch?«

Jakob nickte. Ob Tante Mondo dahintersteckte mit einem Zauberspruch? Ihr traute er wirklich alles zu. »Los, Hanna«, sagte Jakob. »Wir suchen unsere Tante. Bestimmt läuft sie hier irgendwo herum.«

Sie gingen durch den Haupteingang zu einem großen Säulentempel. Dort trafen sie wieder den Reiseführer. Er sagte gerade: »Dieser Tempel wurde für die Göttin Athene gebaut.«

Hanna hörte nur mit halbem Ohr zu. Verblüfft starrte sie auf den Sockel einer Marmorsäule. Ein bunter Schal war um den Sockel gebunden. Moment mal, das Zickzackmuster kannte sie doch … Aufgeregt stupste Hanna ihren Bruder an.

Jakob grinste. »Der Schal von Tante Mondo. Sie kann nicht weit weg sein!«

Hanna schnappte sich den Schal und stopfte ihn in den Rucksack.

Hanna und Jakob liefen einmal um den Tempel herum, aber sie konnten ihre Tante nicht finden. Schließlich fragten
sie den Reiseführer.

Kaum hatte der das Foto von Tante Mondo auf der Postkarte gesehen, nickte er eifrig. »Eure Tante war eben noch hier, aber sie musste gleich weiter. Nach Schweden, hat sie gesagt. Wartet mal kurz.« Er kramte in seiner Jackentasche. »Diesen Umschlag hat sie für euch dagelassen.«

»Efcharistó«, sagte Hanna. »Danke schön.« Dann stöhnte sie. »Mensch, Tante Mondo hätte ruhig auf uns warten können.«

Jakob zog ein Puzzleteil von Griechenland aus dem Umschlag. »Juhuu! Das können wir zu Hause einsetzen.«

Plötzlich schubste ein Mädchen sie einfach beiseite.

»Hey!« Hanna rieb sich ihren Arm. »Kannst du nicht aufpassen?«

Das Mädchen drehte sich um. Sie trug ein buntes Kleid und hatte einen Kranz aus Olivenzweigen auf dem Kopf. »Tut mir leid. Ich muss schnell nach Hause. Wir feiern heute meinen Namenstag. Wollt ihr mitfeiern?«

»Äh … ja, gerne«, antwortete Jakob, obwohl das alles ziemlich plötzlich kam.

Als auch Hanna Ja sagte, klatschte das Mädchen in die Hände. »Super! Ich bin Alexandra. Und ihr seid …?«

»Hanna und Jakob aus Deutschland.«

»Freut mich sehr.« Alexandra lief los. »Kommt! Es ist gar nicht weit.«

Zu dritt liefen sie den steilen Berg hinab und bogen in eine Straße mit kleinen weißen Häusern ein. Vor einem Haus mit hellblauen Fensterläden blieb Alexandra stehen. »Hier ist es. Herzlich willkommen!«

Die Tür ging auf, und es gab ein großes Hallo. Unglaublich viele Leute waren im Haus versammelt. Alle umarmten Alexandra, küssten sie auf die Wangen und wünschten ihr viel Glück zum Namenstag.

Hanna und Jakob wurden mit hineingezogen und waren sofort mittendrin zwischen den fröhlichen Menschen.

Dann sprach sie eine ältere Frau an. »Ich bin Alexandras Oma«, sagte sie und führte sie zum Sofa. »Esst und trinkt! Lasst es euch schmecken.«

So viele leckere Sachen gab es da: griechischen Salat, Weißbrot, Oliven, Fleischspieße und bunte Süßigkeiten. Hanna und Jakob erfuhren, dass in Griechenland der Namenstag noch wichtiger ist als der Geburtstag. Da wird richtig groß gefeiert, gesungen und getanzt, und alle dürfen einfach so vorbeikommen.

Jeder Gast hatte ein Geschenk für Alexandra mitgebracht, auch ihre Cousins Nikos und Jannis.

»Mein Bild ist schöner als deins!«, krähte der vierjährige Nikos.

»Nein, meins!«, brüllte der fünfjährige Jannis.

»Gar nicht wahr.«

»Doch!«

Die Jungs fingen an zu raufen, bis ihr Papa sie trennte. »Schluss jetzt! Wir fragen unsere deutschen Gäste. Was meint ihr?«

Hanna und Jakob sahen sich die Bilder an. Nikos hatte einen Olivenbaum gemalt und Jannis den Meeresgott Poseidon.

»Die Bilder sind beide toll«, sagte Jakob.

»Finde ich auch«, stimmte Hanna zu. »Und beides gehört doch zu Griechenland, oder? Die Olivenbäume und das Meer.«

Nikos und Jannis lachten, und die Gäste klatschten und jubelten.

»Dann können wir ja jetzt endlich tanzen«, rief Alexandras Mama gut gelaunt.

Alle kamen zu einem offenen Kreis zusammen und legten sich gegenseitig die Hände auf die Schultern. Es ging los.

Hanna und Jakob hatten die Schrittfolge gleich raus. Die Musik wurde immer schneller. Nach dem ersten Tanz kam der zweite, der dritte und der vierte. Die Zeit verflog wie ein Wimpernschlag.

»Ich kann nicht mehr!«, keuchte Jakob, als die Sonne hinter der Akropolis unterging.

»Wir müssen sowieso dringend heim«, sagte Hanna.

Leise schlichen sie sich aus dem Haus. Vor der Tür zog Jakob den Puzzleteil-Zug aus der Hosentasche. Sie berührten ihn, machten die Augen zu und dachten an daheim. Erst passierte gar nichts und dann ganz viel auf einmal.

Natur pur
Schweden

»Hilfe!«, rief Hanna. »Ich schwebe immer noch.
Wo ist denn der Boden?«

Flatsch! Da war sie mit dem Po auch schon weich gelandet.

»Aus dem Weg!«, hörte sie Jakob rufen.

Zu spät. Ihr Bruder plumpste volle Kanne auf ihren Schoß. Gemeinsam kugelten sie vom Sofa und landeten zwischen raschelndem Packpapier.

Hanna rappelte sich hoch und befühlte ihre Arme und Beine. Alles noch dran. »Das ist ja gerade noch mal gut gegangen«, schnaufte sie.

Jakob sprang mit einem Satz auf die Füße. »Mann, hat das Spaß gemacht!« Dann sah er aus dem Fenster. »Stell dir vor, Mama und Papa sind immer noch im Garten.«

»Echt jetzt?« Hanna stellte sich neben ihren Bruder ans Fensterbrett. Die Eltern waren fleißig beim Unkrautzupfen. Seltsamerweise hatten sie bisher kaum etwas geschafft. Hanna warf einen Blick auf die Küchenuhr. »Das gibt's nicht: Wir waren grade mal ein paar Minuten weg!«

Jakob lachte. »Krass. Dabei waren wir doch stundenlang in Griechenland. Mensch, dann können wir ja gleich wieder losfliegen!«

»Warte«, sagte Hanna. »Erst setzen wir noch das Griechenland-Teil ein.«

Gemeinsam beugten sie sich über das Puzzle. Links von der Türkei passte es wunderbar hinein.

»Griechenland hat ja auch Inseln«, fiel Jakob jetzt auf. Er tippte mit dem Finger auf den Peloponnes, die Halbinsel im Süden des griechischen Festlandes.

Hanna entdeckte Kreta. »Und da kommt unser Olivenöl her.«

Jakob wurde ungeduldig. »Wir müssen weiter. Tante Mondo ist bestimmt längst in Schweden.«

Hanna nickte. »Du hast recht.« Schnell machte sie ihren Rucksack auf, holte den Zickzackschal heraus und wickelte ihn um den Hals. »In Schweden ist es kalt. Wir brauchen dicke Jacken – und Mützen.«

Jakob grummelte. »Dass du auch immer alles besser wissen musst, nur weil du ein bisschen älter bist als ich.«

Hanna verdrehte die Augen. »Kommst du jetzt endlich?«

»Klar.« Jakob sauste in den Flur und holte die Wintersachen aus dem Schrank. Dick eingepackt, berührten sie wieder den Zug, machten die Augen zu und dachten an Schweden, das Land, in dem die tollen Geschichten von Pippi Langstrumpf und Michel aus Lönneberga spielten.

Hui! Diesmal wurden sie noch schneller herumgewirbelt. Ein eisiger Wind pfiff ihnen um die Ohren. Regentropfen klatschten ihnen ins Gesicht. Plötzlich hörten Wind und Regen auf. Es wurde still, nur irgendwo in der Nähe plätscherte Wasser. Hanna und Jakob landeten auf einer Wiese.

Jakob atmete die frische, kühle Luft ein. »Ist das schön hier! Ein See und ganz viel Wald drum herum.«

»Und ein kleines rotes Holzhaus«, freute sich Hanna. »Siehst du die blaue Flagge mit dem gelben Kreuz? Hurra, wir sind in Schweden!« Sie sah sich nach allen Seiten um. »Hier ist kein Mensch! Wir sind ganz alleine.«

Jakob lief auf das Haus zu. Die Tür war abgesperrt. Aber was prasselte denn da? Neugierig lief Jakob um die Ecke. Am Ufer des Sees brannte ein

Lagerfeuer. Ein Klappstuhl und ein Campingtisch standen davor, doch der Stuhl war leer.

Hanna war ihrem Bruder gefolgt. Aufgeregt zeigte sie auf den Tisch. »Siehst du den Teller mit den Zimtschnecken und die Teetasse? Das Geschirr hat das gleiche Zickzackmuster wie der Schal von Tante Mondo!«

Jakob nahm sich eine Zimtschnecke und biss hinein. »Hm … lecker! Du meinscht, Tante Mondo ischt auch hier?«

Hanna nickte. »Sie *muss* da sein! Wer hätte sonst diesen Umschlag unter die Teetasse geschoben? Dreimal darfst du raten, was drin ist!«

Jakob zog die Augenbrauen hoch. »Ein Puzzleteil von Schweden?«

»Richtig!«, antwortete Hanna, holte tief Luft und rief: »Hallo, Tante Mondo! Wo hast du dich versteckt? Komm raus! Wir finden dich sowieso.«

Stille im Wald. Doch plötzlich knackte es leise.

Hanna erschrak. »W…was war d… das?«

»Ich glaube, ein Ast«, flüsterte Jakob.

Sie lauschten. Wieder knackten Äste, und es raschelte im Laub. Dann erschien ein großes braunes Tier am Waldrand. Mit vier langen Beinen, aber ein Pferd war es nicht. Mit einem Bart am Kinn, aber eine Ziege war es auch nicht. Hanna und Jakob rieben sich die Augen. Träumten sie, oder stand dort ein Elch?

Das Tier wackelte mit den Ohren und röhrte leise. Dann stapfte es schnurstracks zum Campingtisch. Happs! Schon hatte es alle Zimtschnecken auf einmal gefressen.

Hanna musste lachen. »Mahlzeit! Hey, sag mal, wo kommst du eigentlich her?«

Der Elch drehte langsam den Kopf herum. Er hatte kein Geweih, also war es vermutlich eine Elchkuh. Sie schleckte den Teller ab, zögerte kurz und marschierte dann in den See hinein. Mit einem zufriedenen Seufzer ließ sie sich ins Wasser gleiten und schwamm los.

Jakob bekam schon vom Zusehen Gänsehaut. Das Wasser war im April bestimmt eiskalt. Aber Elche hatten anscheinend ein dichtes Fell.

Die Geschwister liefen am Ufer neben der schwimmenden Elchkuh her. Das Tier stieg bald wieder aus dem Wasser, schüttelte sich und stapfte auf einen Zaun zu. Dahinter war wieder nur Wald. Kein einziges Haus weit und breit. Merkwürdig.

»Hier geht es nicht weiter«, stellte Hanna fest. »Aber dort hinten ist ein Tor.«

Als sie davorstanden, lasen sie auf einem Schild *Elchpark.*

Jakob grinste. »Also hier bist du zu Hause, Elch. Sag bloß, du bist heimlich ausgebüxt?«

Da hörten sie Leute rufen: »Elli! Wo bist du? Elli!!!«

Die Elchkuh spitzte die Ohren und scharrte fröhlich mit den Hufen.

Schnell machte Hanna das Tor auf. »*Hier* ist Elli!«

Die Elchkuh trabte durchs Tor. Ein Mann und eine Frau liefen ihr lachend entgegen. »Hej, Elli, hej, Kinder!« Die beiden freuten sich total, dass Hanna und Jakob die Elchkuh zurückgebracht hatten. Elli war heimlich durch ein Loch im Zaun geschlüpft.

»Das Loch repariere ich sofort«, sagte der Mann. »Ich bin übrigens Oskar, und das ist meine Frau Selma.«

Selma lächelte. »Kommt rein! Wollt ihr unsere Elchfamilien sehen? Ihr könnt übrigens gerne Du zu uns sagen. Das macht man bei uns in Schweden so.«

Jakob staunte. »Ihr habt mehrere Elchfamilien?«

»Natürlich«, sagte Oskar. »Wir haben drei Familien und insgesamt achtzehn Elche in unserem Nationalpark. Aber das ist noch gar nichts! In ganz Schweden gibt es mehr als dreißigtausend Elche. Wir haben die meisten Elche in Europa. Unser Land ist gut ein Viertel größer als Deutschland, aber es leben viel weniger Menschen hier.«

»Ich glaub, mich knutscht ein Elch!«, rutschte es Hanna heraus.

Oskar lachte schallend. »Das könnt ihr gerne haben.« Er holte zwei Kartoffeln aus seiner Jackentasche. »Die dürft ihr Elli füttern.«

Hanna und Jakob legten die Kartoffeln auf ihre offenen Handflächen. Elli schnupperte daran und verschlang die Leckerbissen. Dann gab sie Hanna und Jakob zwei feuchte Schmatzer auf die Wangen.

Des Kaisers neue Kleider
Österreich

»Und wo reisen wir jetzt als Nächstes hin?«, fragte Jakob, nachdem sie sich von Selma, Oskar und den achtzehn Elchen verabschiedet hatten. »Tante Mondo hat uns gar nicht verraten, wo sie hinfliegt.«

Hanna wickelte sich den Zickzackschal fester um den Hals. Schneeflocken rieselten wie Puderzucker vom Himmel. »Doch, hat sie! Ich hab gerade eine Nachricht auf dem Handy bekommen. Tante Mondo ist in Österreich.«

»Super«, sagte Jakob. »Da ist es wärmer als hier, und wir sind ganz nah an Deutschland. Aber zu Hause fliegen wir nicht extra vorbei. Das ist viel zu umständlich.«

Hanna lachte. »Geht klar.«

Sie berührten den Zug, machten die Augen zu und dachten an Österreich. Das war das Land, in dem der berühmte Musiker und Komponist Mozart gelebt hatte und natürlich Kaiserin Sisi.

Diesmal wurde ihnen bei der Reise nicht mehr ganz so schwindelig. Langsam gewöhnten sie sich an das schnelle Drehen. Es war wie im Karussell. Als der Wirbel aufhörte, plumpsten sie auf eine Bank. Hanna rümpfte die Nase. »Was stinkt denn da so?«

Jakob schlug die Augen auf. »Hihi, das sind Pferdeäpfel! Ich glaub's nicht! Wir sitzen in einer Kutsche.«

Der Mann auf dem Kutschbock lüftete seinen Hut. »Grüß euch, Hanna und Jakob! Ich bin der Franz. Bei uns in Wien heißen die Kutschen Fiaker. Ich fahre euch gern ein bisschen herum und zeige euch unsere schöne Hauptstadt.«

»Wir haben aber kein Geld dabei«, sagte Hanna. »Und woher wissen Sie eigentlich, wie wir heißen?«

Franz zwinkerte ihr zu. »Von eurer Tante. Und keine Sorge: Sie hat die Fahrt im Voraus bezahlt, aber leider musste sie gleich weiter.«

»Typisch!« Jakob seufzte. »Nie wartet sie auf uns. Pah! Dann warten wir auch nicht.«

»Sehr schön«, sagte Franz und schnalzte mit der Zunge. Die zwei Schimmel trabten los. Ihre Hufe klapperten auf dem Pflaster.

Hanna und Jakob machten es sich in der Kutsche gemütlich. Als Erstes zogen sie die warmen Jacken, Mützen und Schals aus. Die brauchten sie jetzt zum Glück nicht mehr.

Franz zeigte auf eine große Kirche. »Das ist der Stephansdom. Wir Wiener nennen ihn einfach *Steffl*. Der Südturm ist stolze hundertsiebenunddreißig Meter hoch.«

Hanna legte den Kopf in den Nacken. So eine riesige Kirche hatte sie noch nie gesehen. Das Dach mit den bunten Ziegeln gefiel ihr besonders gut.

Und schon ging es weiter, an prachtvollen Palästen vorbei zur Hofburg. Früher war es tatsächlich eine Burg gewesen, aber die Kaiser hatten sie im Laufe der Zeit zu einer prunkvollen Residenz ausgebaut. Jetzt sah sie mehr aus wie ein Schloss.

»Und hier hat Kaiserin Sisi gewohnt?«, fragte Hanna.

»Richtig«, sagte Franz. »Ihr Mann hieß übrigens auch Franz, genau wie

ich.« Er brachte die Pferde mit einem »Brrr!« zum Stehen. »Na, wie schaut's aus, Kinder? Seid ihr neugierig, wie die beiden gewohnt haben?«

Was für eine Frage! Natürlich wollten sie die Hofburg von innen sehen. Franz brachte sie zum Eingang und versprach, dass er sie nach der Führung wieder dort abholen würde.

An der Kasse wartete Sofie, eine Frau vom Museum. Mit ihr und einer Gruppe von erwachsenen Touristen liefen Hanna und Jakob die Kaiserstiege hinauf.

Sofie führte sie durch die kaiserliche Wohnung. »Hier hat das Kaiserpaar im Winter gewohnt. Im Sommer lebten sie im nahe gelegenen Schloss Schönbrunn.«

Die Zimmer in der Hofburg waren riesig. An den Wänden hingen rote Stofftapeten und Bilder in vergoldeten Rahmen. Es gab Kronleuchter und Sessel, die mit roter Seide bezogen waren.

»Sisi war wirklich sehr schön«, erzählte Sofie. »Ihre langen Haare wurden jeden Tag stundenlang frisiert. Und die Kaiserin hat täglich geturnt, sie war sehr sportlich.«

Hanna bestaunte die Sprossenwand, das Reck und die Ringe.

»Die nächsten Räume dürfen Sie sich gerne alleine ansehen«, sagte Sofie. »Wir treffen uns dann wieder im Speisesaal.«

»Pssst!«, machte Jakob plötzlich. »Was sucht *der* denn da?«

Der Mann, den Jakob meinte, gehörte nicht zur Gruppe. Er hatte einen altmodischen Backenbart und trug einen schwarzen Anzug. Anscheinend suchte er etwas.

»Vielleicht will er ja was klauen«, flüsterte Hanna ihrem Bruder ins Ohr.

Jakob nickte. »Den lassen wir nicht aus den Augen.«

Sie liefen dem verdächtigen Mann hinterher. Der ging durch Sisis Badezimmer und weiter zum Großen Salon der Kaiserin. Dort nahm er einen silbernen Kerzenleuchter und trug ihn davon.

»Na warte«, murmelte Hanna.

Rasch eilte der Mann zum Vorzimmer der Kaiserin, öffnete eine Tapetentür und verschwand dahinter.

Jakob rieb sich die Hände. »Den schnappen wir uns!«

Sie rissen die Tapetentür auf – und blieben wie angewurzelt stehen. Kinder in Ballkleidern wedelten sich mit Fächern Luft zu oder zogen sich lachend Uniformjacken an. Und der Mann mit dem Backenbart stand vor einem Schrank.

»Hier sind noch Hüte«, sagte er zu den Kindern. »Die könnt ihr euch

aufsetzen. Ach, hallo«, begrüßte er Hanna und Jakob. »Ich bin Eugen. Wollt ihr bei der Kinderführung mitmachen?«

»Äh … ja«, sagte Hanna.

Jakob war so platt, dass er kein Wort herausbrachte. Der Mann war gar kein Dieb! Und richtig nett.

»Ihr dürft euch auch verkleiden«, sagte er zu Hanna und Jakob. »Dann gehen wir gemeinsam in den Speisesaal.«

Jakob zog eine kaiserliche Uniform an, und Hanna schlüpfte in ein elegantes Ballkleid mit weitem Rock.

Eugen nahm den Kerzenleuchter in die Hand und verbeugte sich tief vor ihnen. »Ihr ergebenster Kammerdiener, stets zu Diensten. Wenn die Majestäten mir dann bitte folgen wollen?«

»Ja, das wollen wir«, flötete Hanna.

Jakob reichte ihr den Arm, damit sie sich bei ihm einhaken konnte. Feierlich schritten sie zum Speisesaal. Und der Kammerdiener verzog keine Miene, als die Majestäten kicherten.

Ein spannendes Rätsel
Niederlande

»Mannomann, war das anstrengend, Kaiser zu sein!«, stöhnte Jakob und lehnte sich in der Gondel des Riesenrads zurück.

Hanna lachte. »Ich bin auch froh, dass ich aus dem Kleid wieder raus bin.«

Franz hatte sie von der Hofburg zum Prater gebracht, dem berühmten Vergnügungspark. Vom Riesenrad aus konnten sie Wien von oben und sogar die Berge sehen.

Jakob sah in den Umschlag, den Franz ihm beim Abschied in die Hand gedrückt hatte. Darin waren das Puzzleteil von Österreich und eine kurze Nachricht von Tante Mondo:

Jetzt geht es in die Niederlande!

»Wie schön!«, freute sich Hanna. »Da blühen im Frühling ganz viele Tulpen.«

Jakob knüllte den Zettel zusammen. »Dann nix wie hin!«

Sie berührten den Zug und dachten an die Niederlande. Die lagen an der Nordsee und hatten als Nachbarn Belgien im Süden und Deutschland im Osten.

Diesmal wurden Hanna und Jakob nur sanft geschaukelt. Die Reise dauerte nicht lange.

»Klingelingeling!«, machte es, als Hanna auf dem Boden landete.

Schnell öffnete sie die Augen und rieb sich den Ellbogen, mit dem sie gegen eine kleine Glocke gestoßen war.

»Cool!«, sagte Jakob. »So viele Fahrräder.« Alle waren orange und standen dicht nebeneinander auf dem Gehsteig.

Da kam eine blonde Frau aus dem Laden. »Hallo, kinderen! Ich bin Mieke und habe schon auf euch gewartet.«

»Wieso?«, fragte Hanna.

Mieke klopfte auf den Sattel eines Kinderfahrrads. »Eure Tante hat für euch zwei Räder ausgeliehen. Wil je fietsen?«

»Ob wir Fahrrad fahren wollen?« Jakob grinste. »Natürlich! Das tun alle hier, oder?«

Mieke lächelte. »Stimmt. Wir haben in den Niederlanden sogar mehr Fahrräder als Einwohner. Unser Land eignet sich prima zum Fahrradfahren. Es ist sehr flach.«

Jakob wollte sofort aufsteigen, aber Hanna zupfte ihn am Ärmel. »Wir wissen doch gar nicht, wo es hingeht.«

»Kein Problem«, sagte Mieke. »Mein Sohn kennt alle Fahrradwege in- und auswendig. Piet, kommst du mal?«

Ein großer Junge mit Sommersprossen trat aus dem Laden. »Hallo, ihr zwei, dann mal los!«

Zu dritt radelten sie durchs Dorf, auf kleinen Straßen an hübschen Backsteinhäusern und einer weißen Kirche vorbei.

»Was magst du eigentlich am liebsten an deinem Land?«, fragte Hanna.

Piet grinste. »Wollen wir ein Ratespiel machen? Findet es selbst heraus!«

»Das werden wir«, sagte Jakob. »Ist bestimmt ganz leicht.«

Jetzt ging es aus dem Dorf hinaus. Auf einmal waren überall riesige

Tulpenfelder. In der Sonne leuchteten sie wie ein Regenbogen: rot, gelb, lila und orange. Darüber spannte sich ein hellblauer Himmel mit weißen Zuckerwatte-Wolken.

»Ich hab's!«, rief Hanna. »Du magst Tulpen am liebsten.«

Piet schüttelte den Kopf. »Tulpen sind wunderschön. Aber was anderes mag ich noch mehr.«

Sie radelten weiter. Irgendwann hörten die Tulpenfelder auf. Büsche und Wiesen säumten den Sandweg. Am Himmel tauchte eine Möwe auf. Rasch flog sie im rauen Wind davon.

Jakob streckte seine Nase in die Luft. »Riecht salzig!«

»Gleich sind wir da«, verkündete Piet. »Hier sind schon die Dünen und der Leuchtturm, und da ist …«

Hanna breitete lachend die Arme aus. »Hallo, Nordsee!«

So sah das Meer also in echt aus. Viel größer als auf den Fotos, die ihnen Tante Mondo gezeigt hatte.

Jakob rief: »Jetzt weiß ich's! Du magst die Nordsee am liebsten.«

»Die finde ich natürlich auch toll«, gab Piet zu. »Aber was anderes mag ich noch lieber.«

Sie stiegen von den Rädern ab und machten einen Spaziergang am Meer. Danach fuhren sie wieder landeinwärts. Der Radweg führte zu einer Wiese mit hohen Gräsern. Dort stand eine Windmühle. Ihre großen Räder drehten sich langsam im Wind.

»Das ist es!«, rief Hanna. »Du magst Windmühlen am liebsten, stimmt's?«

Piet lachte. »Windmühlen sind super. Es gibt viele davon in den Niederlanden, etwa tausend Stück. Aber leider liegt ihr schon wieder falsch.«

Hanna und Jakob stöhnten. Das Rätsel war doch nicht so leicht, wie sie gedacht hatten.

Plötzlich knurrte Jakobs Magen. Was duftete denn da so toll? Waren das etwa Pommes? Ein paar Kinder kamen mit Pommestüten von einer Imbissbude.

»Können wir uns hier eine Tüte kaufen? Ich hab Hunger«, sagte Jakob.

»Mieke macht viel bessere Pommes«, sagte Piet. »Kommt, wir fahren schnell zu ihr.«

Zehn Minuten später waren sie da und parkten die Räder vor dem Laden. Mieke kam mit einem großen Teller voller Pommes heraus. »Ihr habt sicher Hunger, oder?«

»Und wie!« Hanna leckte sich die Lippen.

Piet führte sie am Laden vorbei in den Garten. Dort stand ein blaues Zelt. Als Piet darauf zuging, leuchteten seine Augen.

Hanna und Jakob sahen sich an. Und plötzlich wussten sie es.

»Du magst Zelten am liebsten!«, sagten sie gleichzeitig.

Piet klatschte in die Hände. »Bravo! Ihr habt das Rätsel gelöst. Jetzt dürft ihr mit ins Zelt. Da machen wir es uns so richtig schön gemütlich und essen die leckeren Pommes von Mieke.«

»Ich bin zuerst drin!«, rief Jakob und rannte voraus. Dann hörten sie ihn jubeln: »Auf der Decke liegt ein Puzzleteil!«

Tiki-Taka und Olé!
Spanien

»Zelten ist ja ganz schön«, sagte Hanna, nachdem sie sich von Piet verabschiedet hatten. »Aber wenn es regnet, ist es nicht mehr ganz so lustig.«

Jakob sprang in eine Pfütze auf dem Gehsteig. »Wieso?«, fragte er. »Das finde ich gar nicht.«

Hanna musste lachen. »Schon klar. Aber jetzt will ich mal in ein wärmeres Land reisen.«

Da machte ihr Handy *Pling!*. Tante Mondo hatte eine neue Nachricht geschickt. Hanna las sie laut vor.

Kennt ihr Christoph Kolumbus? Das war ein Seefahrer, der für die spanischen Könige große Reisen gemacht hat. Auf der ersten Reise ist er bis nach Amerika gesegelt. Dafür hat man ihm in Barcelona ein Denkmal gesetzt.
Bis bald, ihr Lieben!

»Wo ist Barcelona?«, wollte Jakob wissen.

Hanna überlegte. »Das muss in Spanien sein. Super! Dort scheint bestimmt die Sonne.«

Der Zauberzug brachte sie blitzschnell in den Süden. Als sie wieder festen Boden unter den Füßen spürten, wehte ihnen ein warmer Wind um die Nase.

»Hurra!«, rief Jakob. »Wir sind ganz weit oben.«

Vorsichtig machte Hanna die Augen auf. Sie standen auf einer winzigen Plattform. Unter ihnen sahen sie den Hafen mit vielen Booten und auf der anderen Seite jede Menge Häuser. Mitten hindurch führte eine lange Straße mit Bäumen.

»Und wo ist jetzt dieser Kolumbus?«, fragte Hanna.

Eine Frau, die auch gerade die Aussicht bewunderte, zeigte nach oben. »Er steht auf uns drauf. Seht ihr seine Füße?«

Jakob grinste. »Der traut sich aber was!«

»Bitte kommen Sie zum Aufzug«, sagte ein Mann. »Die nächste Gruppe wartet schon.«

Hanna und Jakob fuhren mit den anderen hinunter. Sie kamen auf einem runden Platz heraus. Jetzt konnten sie Kolumbus endlich in voller Größe sehen. Er streckte die rechte Hand weit aus und zeigte aufs Meer.

Hanna zog ihre Jacke aus. »So schön warm ist es hier! Komm, lass uns die große Straße entlanglaufen.«

Die Straße hieß *Las Ramblas,* und hier war richtig viel los. Die Leute gingen unter den grünen Bäumen spazieren, saßen in den Cafés oder kauften ein. An einer Stelle waren besonders viele Leute zusammengekommen. Sie standen im Kreis und machten Fotos.

Neugierig liefen Hanna und Jakob dorthin. Da war ein Mann mit Sonnenbrille und Hut. Er trug einen goldenen Anzug – und er schwebte drei Meter über dem Boden!

Hanna staunte. »Wie macht der das bloß?«

»Wetten, der kann auch zaubern, wie Tante Mondo?«, sagte Jakob.

Sie gingen weiter. Nach ein paar Metern rief plötzlich ein Junge: »Parar! Quédate así!«

»Warum sollen wir stehen blciben?«, fragte Hanna verwundert.

Ein Mädchen mit einem Fußball unter dem Arm fragte: »Estas jugando?«

Jakob hatte sofort verstanden. »Klar spiele ich mit!« Hanna wollte lieber zusehen.

Die spanischen Kicker waren echt gut. Lässig spielten sie sich den Ball zu, dribbelten und tricksten sich gegenseitig aus. Jakob sah, dass die Stürmerin frei war. Er passte ihr den Ball zu, sie schoss und …

»Tor!«, brüllte Jakob. Die Kinder fielen sich gegenseitig in die Arme.

Hanna klatschte. »Toll, Jakob! Können wir jetzt weitergehen?«

»Ja, gleich …« Jakob ließ sich gerade von der Stürmerin ein paar Tricks mit dem Ball zeigen.

Da tauchte ein Junge auf. »Hola!«, sagte er zu Hanna. »Wir Spanier lieben Fußball! Die verrückte Stürmerin ist übrigens meine Schwester Matilda. Und ich bin Manuel.«

»Hola, Manuel! Ich heiße Hanna. Sag mal, was gibt es denn sonst noch so in Barcelona zu sehen?«

»Warte kurz!« Manuel steckte zwei Finger in den Mund und pfiff. »Matilda! Vamos! Wir müssen los.«

Matilda schoss noch ein Tor. Dann legte sie den Arm um Jakob, und die beiden kamen her.

»Wir feiern heute ein Fest an unserer Schule«, erzählte Manuel. »Wollt ihr mitkommen?«

Natürlich wollten Hanna und Jakob dabei sein!

Auf dem Weg zur Schule kamen sie an Blumenhändlern vorbei. Matilda kaufte eine rote Rose und steckte sie Hanna ins Haar.

»Ist die schön!«, freute sich Hanna. »Danke.«

Matilda lächelte. »Die Rose brauchst du. Und natürlich ein rotes Kleid.«

»Wofür das denn?«, wollte Hanna wissen, aber Matilda sagte nur: »Lass dich überraschen!«

Jetzt war Hanna aber echt neugierig. Von allen Seiten kamen Kinder angerannt und liefen lachend in die Schule hinein. Matilda nahm Hanna an der Hand. »Wir müssen hier lang. Bis später, Manuel und Jakob!«

Matilda führte Hanna zur Turnhalle. In der Umkleide zogen die Mädchen rote Kleider an. Sie freuten sich riesig, dass Matilda Hanna mitgebracht hatte.

»Carmen ist krank geworden«, erzählte Inès aufgeregt. »Du kommst genau richtig. Wir brauchen dich für unseren Flamenco.«

Hanna schnappte nach Luft. »Aber ich kann doch gar nicht Flamenco tanzen!«

»Wir zeigen es dir«, sagte Matilda. »Wir haben noch genug Zeit.«

Hanna lachte. »Na gut. Ich versuche es.« Schnell schlüpfte sie in Carmens Kleid und übte mit den Mädchen die Schritte.

»Du machst das toll«, lobten die Mädchen. Dann liefen sie zusammen in die Turnhalle.

Flamenco-Musik kam aus dem Lautsprecher. Hanna tanzte mit den Mädchen in einer Reihe. Sie stampfte mit den Füßen, hob die Arme hoch und klatschte im Takt der Musik.

Jakob saß in der ersten Reihe. »Bravo, Hanna!«, brüllte er. »Olé!«

Retter im Einsatz
Frankreich

»War das ein tolles Fest!«, sagte Hanna.

»Vielen Dank, Matilda und Manuel. Tschüss!«

Manuel rief: »Halt! Ihr müsst noch aus dem Brunnen trinken. Es gibt nämlich eine Legende: Wer aus dem Font de Canaletes trinkt, kommt irgendwann zurück nach Barcelona!«

Das machten Hanna und Jakob natürlich gerne. Danach drückte Matilda Hanna ein Puzzleteil in die Hand. »Das hat mir eure Tante gegeben. Sie lässt euch ausrichten, dass sie jetzt in einem Nachbarland von Spanien ist.«

Hanna und Jakob warteten, bis ihre spanischen Freunde um die Ecke gebogen waren. Dann berührten sie den Zug. Erst passierte gar nichts und dann ganz viel auf einmal. Alles drehte sich. Sie schwebten. Plötzlich plumpsten sie auf ein weiches Sofa. Es duftete nach Kaffee und Kuchen.

»Bonjour, Hanna, bonjour, Jakob«, begrüßte sie ein junger Kellner. »Herzlich willkommen in Paris, der Hauptstadt von Frankreich.«

Hanna und Jakob sahen sich um. Sie waren in einem französischen Café mit vielen kleinen Tischen und Kronleuchtern an der Decke. Der Kellner servierte ihnen Croissants, ein Baguette, Butter, Marmelade und zwei Becher mit Kakao.

»Merci«, sagte Hanna. »Aber wir …«

Der Kellner verschwand, bevor sie ihm sagen konnten, dass sie gar kein Geld dabeihatten.

Jakob entdeckte einen Zettel im Brotkorb. »Der ist von Tante Mondo! Sie wünscht uns bon appétit.«

Hanna brach ein Stück Baguette ab. »Super. Hm, ist das lecker!«

»Das Croissant auch«, schwärmte Jakob.

Sie ließen es sich schmecken und hatten bald alles bis auf den letzten Krümel aufgegessen.

Plötzlich sprang eine Katze aufs Sofa und setzte sich zwischen Hanna und Jakob.

»Bonjour«, sagte Hanna. »Du bist ja süß. Dürfen wir dich streicheln?«

Die Tigerkatze hatte nichts dagegen. Sie machte die Augen zu und schnurrte. Dann rekelte sie sich und machte sich immer breiter.

Hanna musste lachen. »Ist das etwa dein Lieblingssofa? Sollen wir gehen?«

»Miau!«, machte die Katze und fuhr kurz ihre Krallen aus.

Jakob grinste. »Alles klar. Wir sind schon weg. Komm, Hanna. Lass uns mal nachsehen, wo die hier die tollen Sachen backen.«

Der Weg zur Backstube war ganz leicht zu finden. Sie gingen einfach dorthin, wo es am besten duftete! Zuerst entdeckten sie den Schokoladenkuchen. Er stand auf einem Hocker und war mit Zuckerguss verziert. Auf dem Arbeitstisch rollte der Bäcker gerade einen Teig aus. Seine Tochter schnitt aus der Platte Dreiecke aus.

»Werden daraus Croissants?«, fragte Hanna neugierig.

Der Bäcker nickte. »Oui. Ihr könnt uns gerne helfen. Ich bin Maxime, und das ist meine Tochter Isabelle.«

Hanna und Jakob bekamen Schürzen. Sie wuschen sich die Hände, und dann legten sie los. Sie durften die Dreiecke zu Hörnchen aufrollen und die Teigspitzen leicht andrücken.

»Très bien!«, lobte Maxime. »Und jetzt legen wir die Croissants aufs Backblech.«

Plötzlich ließ Isabelle einen Schrei los. »Non! Geh weg da, Kitty!«

Die Tigerkatze machte einen Satz zur Seite. Ihr Maul war voller Schokolade.

Maxime schimpfte: »Musst du ausgerechnet den Kuchen für Oma erwischen? Sie hat doch heute siebzigsten Geburtstag!«

»Oje«, murmelte Jakob. »Ich glaube, Kitty ist heimlich mit uns reingeschlüpft.«

»Wir haben es gar nicht gemerkt«, beteuerte Hanna.

Maxime und Isabelle scheuchten Kitty aus der Küche. Dann starrten alle auf den Kuchen, der jetzt wie ein Maulwurfshügel aussah.

»Kitty sucht sich immer die besten Kuchen aus«, seufzte Maxime. »Sie ist eine Feinschmeckerin. Typisch französisch!«

»Tut uns wirklich leid«, entschuldigte sich Hanna.

Maxime winkte ab. »Ah! Nicht so schlimm. Das ist uns auch schon passiert. Wisst ihr was? Wir backen schnell einen neuen Kuchen. Wir alle zusammen, einverstanden?«

»Oui!«, riefen Hanna und Jakob.

Maxime schnitt Schokolade in kleine Stücke. Isabelle goss Milch in einen Topf, und Jakob gab die Schokostückchen dazu. Dann durfte Hanna mit dem Kochlöffel rühren, bis die Schokolade geschmolzen war. Maxime vermischte alles mit Butter, Zucker, Eigelben und Mehl und nahm den Topf vom Herd. Am Schluss schlug Jakob die Eiweiße steif, und Isabelle hob sie unter den Teig.

»In einer halben Stunde ist der Kuchen fertig«, verkündete Maxime. Er füllte den Teig in eine Springform und schob sie in den Backofen.

Isabelle lächelte. »Ohne euch hätten wir das nie so schnell geschafft. Wollt ihr mitkommen zu Oma?«

»Sehr gerne«, sagte Hanna.

Jakob und Hanna warteten im Café, wo Kitty gerade ein Liebespaar von ihrem Sofa verscheuchte.

Hanna kicherte. »Du bist echt unmöglich!«

Davon ließ sich Kitty überhaupt nicht beeindrucken. Zum Abschied zwinkerte sie Hanna und Jakob verschwörerisch zu, bevor sie sich auf ihrem Sofa zu einer Kugel zusammenrollte.

»Bitte einsteigen«, sagte Maxime.

Sie brausten zu viert mit dem Auto durch Paris. »Seht ihr den Fluss?«, fragte Isabelle. »Das ist die Seine. Und die Kirche da heißt Notre-Dame. Sie wäre bei einem Feuer beinahe abgebrannt. Es ist viel kaputtgegangen, was jetzt repariert werden muss. Aber die Feuer-wehrmänner haben Notre-Dame gerade noch rechtzeitig gerettet.«

Jakob grinste. »Genau wie wir den Kuchen!«

Da mussten alle herzlich lachen.

Kurz darauf bremste Maxime und parkte das Auto vor einem riesigen Turm aus Stahl. »Den kennt ihr, oder?«, fragte er. »Das ist das Wahrzeichen von Paris.«

»Der Eiffelturm«, antwortete Hanna stolz und machte schnell ein Foto. Danach durfte sie den Kuchen bis zum Haus von Isa-belles Oma tragen.

Jakob drückte auf die Klingel. Alle holten tief Luft. Als Oma auf-machte, sangen sie »Zum Geburtstag viel Glück!« auf Französisch: »Joyeux anniversaire!«

Oma klatschte in die Hände. »Merci! Ihr seid so lieb. Kommt doch rein.«

Alle umarmten sich und gaben sich Küsschen auf die Wangen. Dann fragte Oma: »Wen habt ihr denn da mitgebracht?«

Isabelle legte ihre Arme um Hanna und Jakob. »Das sind meine Freunde aus Deutschland.«

Oma lächelte. »Freut mich sehr, euch kennenzulernen.«

46

Als sie später gemütlich auf dem Sofa saßen und Kuchen aßen, wollte Oma wissen: »Na, was möchtet ihr später mal werden?«

Hanna überlegte. »Ich weiß noch nicht genau. Entweder Tierärztin oder Bäckerin.«

»Ich werde Feuerwehrmann!«, verkündete Jakob.

Das Zug-Gespenst
Russland

Die Zeit bei Isabelles Oma verging so schnell.
Als es dunkel wurde, gab Maxime Hanna einen
Umschlag. »Der ist von eurer Tante. Sie meinte, ihr wisst
schon Bescheid, was drin ist.«

Sie verabschiedeten sich von ihren französischen Freunden und traten
hinaus auf die Straße. Der Eiffelturm leuchtete wie eine goldene Rakete.

»Jetzt haben wir Tante Mondo schon wieder nicht gesehen!«, sagte Jakob
und stöhnte. »Hoffentlich wartet sie das nächste Mal auf uns.«

»Ganz bestimmt«, sagte Hanna und steckte das Puzzleteil von Frankreich in den Rucksack. »Sie reist übrigens gerade nach Russland. Das ist
das größte Land der Erde und dehnt sich über zwei Kontinente aus: Europa
und Asien.«

»Ob da noch Schnee liegt?«, überlegte Jakob.

Vorsichtshalber zogen sie wieder ihre Jacken und Mützen an. Dann berührten sie den Zug. Diesmal wurden sie lange herumgewirbelt. Hui, war
das ein kalter Wind! Doch als sie landeten, war es auf einmal ganz warm.
Sie standen in einer großen grünen Halle. Viele Leute liefen mit Koffern
herum. Andere saßen auf Bänken und warteten.

Hannas Handy machte »Pling!«.

Hallo, Hanna, hallo, Jakob,
seid ihr gut gelandet im Bahnhof von Moskau?
Gleich dürft ihr in die Transsibirische Eisenbahn einsteigen – in einen richtigen Zug!
Ich habe für euch ein Abteil reserviert. Die Tickets schicke ich euch aufs Handy.
Viel Spaß bei der Reise!

Da kam es auch schon aus dem Lautsprecher: »Die Transsibirische Eisenbahn fährt in wenigen Minuten von Gleis zwei ab.«

Sofort stürmten alle Leute los. Hanna und Jakob rannten mit. Am Bahnsteig drängelten sich die Menschen und wollten gleichzeitig einsteigen. Wie sollten Hanna und Jakob da bloß ihren Wagen finden?

»Kann ich euch helfen?«, fragte ein Junge auf Russisch. »Ich bin Alexej, und das ist mein Vater Igor.«

»Ja, gerne«, sagte Hanna erleichtert.

Alexej war schon zwölf und kannte sich super aus. Er führte sie zum richtigen Wagen, und sein Vater verstaute Hannas Rucksack im Gepäckfach.

»Wir sind im Wagen am vorderen Ende des Zugs«, erzählte Alexej. »Falls euch langweilig werden sollte, kommt einfach vorbei!«

»Machen wir«, sagte Jakob.

Langweilig wurde es Hanna und Jakob erst mal überhaupt nicht.

Der Schaffner kam und brachte ihnen Bettzeug, Handtücher und eine Box mit Keksen, Mineralwasser, Zahnbürsten und Hausschuhen. Tante Mondo hatte einen Zettel in die Box gelegt. Darauf stand, dass die Transsibirische Eisenbahn in sieben Tagen von Moskau im Westen bis Wladiwostok im Osten fuhr.

49

»Echt jetzt?«, rief Jakob. »Wir sind eine Woche im Zug?«

Hanna warf einen Blick auf die Tickets. »Nein, nur eine Nacht und einen Tag. Wir bleiben in Europa.«

Jakob freute sich trotzdem sehr. So lange war er noch nie mit dem Zug gefahren!

Die roten Polstersitze waren richtig gemütlich. Hanna und Jakob lehnten sich zurück und sahen zum Fenster hinaus. Wiesen und Bäume flogen draußen vorbei. Auf den Hausdächern lag noch Schnee. Dann ging die Sonne unter. Eigentlich langsam Zeit, um schlafen zu gehen. Aber Hanna und Jakob waren noch überhaupt nicht müde.

»Komm«, sagte Jakob. »Wir besuchen Alexej.«

Der Weg war ganz schön weit. Auf dem Gang mussten sie sich immer wieder festhalten, weil der Zug hin und her schwankte. Endlich hatten sie es geschafft. Hanna machte die Tür zum Abteil auf. So viele Betten gab es hier! Und lauter Menschen, die fröhlich durcheinanderredeten.

Alexej kam auf sie zu. »Toll, dass ihr da seid! Wollt ihr auch russischen Tee trinken?«

Hanna und Jakob nickten. Alexej drückte ihnen zwei Teegläser in die Hand und ging mit ihnen hinaus auf den Gang. Dort stand ein Kessel, in dem es blubberte.

»Das ist ein Samowar«, erklärte Alexej. »Haltet eure Gläser darunter, dann kommt heißes Wasser raus.«

Mit den vollen Gläsern gingen sie zurück ins Abteil. Igor hatte Teebeutel und Kandiszucker. Hanna pustete in ihr Glas. Der Tee war bitter und süß zugleich. Jakob mochte lieber die belegten Brote und die Nudelsuppe. Alle Leute im Abteil teilten ihr Essen untereinander. Die Menschen lachten und sangen russische Lieder.

Alexej zwinkerte Hanna und Jakob zu. »Seht mal her, ich kann zaubern!«

Er zeigte ihnen eine Puppe aus Holz. »Das ist eine Matrjoschka. Die lasse ich jetzt hinter meinem Rücken verschwinden.« Als Alexej die Hände wieder vorstreckte und aufmachte, lagen plötzlich zwei Puppen darin.

»Bravo!«, riefen Hanna und Jakob.

Alexej zauberte immer mehr kleine Puppen aus der großen Puppe hervor. Am Schluss waren es sieben!

Jakob murmelte: »So ein tolles Zauberdings hätte ich auch gerne.« Dann musste er gähnen. Es war schon sehr spät.

»Jetzt müssen wir aber wirklich schlafen«, sagte Hanna.

Schnell liefen sie in ihr Abteil zurück und plumpsten in die Betten. »Ich putze morgen die Zähne«, versprach Jakob, bevor ihm die Augen zufielen.

Mitten in der Nacht wachte Jakob auf. Draußen im Gang hatte es geklappert! Es war kurz still. Dann raschelte etwas vor ihrem Abteil.

Jakob flüsterte: »Da … da draußen ist ein Gespenst!«

»Nein«, flüsterte Hanna zurück. »Es gibt keine Gespenster.«

Jakob zog die Bettdecke bis zur Nasenspitze hoch. Er glaubte seiner Schwester kein Wort. Jetzt raschelte es schon wieder!

Hanna knipste die Taschenlampe an. »Lass uns mal nachsehen.«

Jakob rutschte das Herz in die Hose. Mutig sagte er: »Okay.«

Sie standen auf und schlüpften in ihre Hausschuhe. Ganz, ganz leise machte Hanna die Tür auf. »Hallo? Ist da wer?«

Der Gang war leer. Aber sie hörten jemanden schnell weglaufen.

»Na warte«, zischte Jakob. »Das Gespenst schnappen wir uns!«

Hanna lief mit der Taschenlampe voraus, Jakob dicht hinterher. Da! Vor ihnen tauchte ein Schatten auf. Er stolperte und schimpfte: »Mist!«

Hanna fragte: »Wer bist du?«

Jakob rief laut: »Dreh dich um! Wir haben keine Angst vor dir.«

»Ich bin's nur, Alexej!«

Jakob schnappte nach Luft. »Mensch, hast du uns aber erschreckt!«

Hanna ließ die Taschenlampe sinken. »Warum schleichst du mitten in der Nacht durch den Zug?«

»Tut mir leid. Ich musste aufs Klo«, sagte Alexej. »Gute Nacht!« Er winkte ihnen zu und lief schnell davon.

Hanna und Jakob gingen mit weichen Knien zu ihrem Abteil zurück. Vor der Tür blieb Jakob plötzlich stehen. »Was ist denn das?« Er hob eine Schachtel auf und machte sie neugierig auf. Darin war eine Matrjoschka.

Hanna stupste ihren Bruder an. »Ich glaube, ich weiß, wer uns die Puppe geschenkt hat.«

Jakob grinste. »Ich auch. Das war das Gespenst!«

Max und Moritz
Irland

Nach dem Frühstück liefen Hanna und Jakob in Alexejs Abteil und bedankten sich für die Matrjoschka-Puppe.

Alexej lächelte. »Ne za chto. Gern geschehen!«

Igor gab ihnen das Puzzleteil von Russland. Es war das größte, das sie bisher hatten. »Eure Tante ist sehr nett. Sie hat mit uns Tee getrunken, aber dann musste sie aussteigen. Sie reist jetzt in ein Land, wo es mehr Schafe als Menschen gibt.«

»Nach Irland!«, wusste Hanna sofort. »Das ist ja toll.«

Jakob steckte das große Puzzleteil ein. »Spasibo! Danke.«

Sie umarmten Alexej und Igor, gingen zurück in ihr Abteil und berührten den Zug. Erst spürten sie gar nichts und dann ganz viel auf einmal. Sie wurden wild herumgewirbelt, sausten kreuz und quer durch die Lüfte. Irgendwann hörte der Wirbel auf. Sanft schwebten sie über einer großen, grünen Insel und landeten im feuchten Gras.

»Mäh!«, machte ein Lamm. Es hob den Kopf, sah Hanna und Jakob ängstlich an und rannte zu seiner Mama.

Hanna versuchte, es zurückzulocken. »Bleib doch hier!«

Aber das Lamm fühlte sich bei seiner Herde sicherer.

Jakob stand auf. »Mannomann, ist das alles grün hier! Berge gibt es auch, Wälder und einen See.«

Hinter ihrem Rücken räusperte sich jemand. »Das ist kein See, das ist ein Fjord, also ein Meeresarm.«

Verdutzt drehten Hanna und Jakob sich um. Vor ihnen stand ein rothaariges Mädchen in Gummistiefeln und Anorak. »Hi, I'm Grace.«

»Wir sind Hanna und Jakob aus Deutschland«, sagte Hanna. »Wohnst du hier?«

Grace nickte. »Ja. Meinen Eltern gehört die Schaffarm. Ich zeige euch gerne alles. Aber zuerst braucht ihr Gummistiefel.«

Grace führte sie zu einem Steinhaus mit einem hübschen Reetdach. Vor der Tür standen Gummistiefel und Wanderschuhe. Während Hanna und Jakob sich auf die Bank setzten und die Gummistiefel anzogen, sauste ein Hund aus dem Haus. Er wedelte mit dem Schwanz und schleckte Hannas Hände ab.

Hanna lachte. »Na, wie schmecken die? Salzig?«

Der Hund legte den Kopf schräg und ließ sich streicheln.

»Das macht Silvie sonst nicht bei Fremden«, sagte Grace. »Du kommst gut mit Tieren aus, oder?«

Hanna nickte. »Ich *liebe* Tiere!«

Jakob hüpfte von einem Gummistiefel auf den anderen. »Wann geht's endlich los?«

»Jetzt«, sagte Grace. »Da ist auch schon mein Vater. Er heißt Conor.«

Conor brummte nur kurz »Hi!«, dann stapfte er los. Silvie folgte ihm bei Fuß.

Gemeinsam wanderten sie bergab und bergauf. Jakob wurde warm. Er warf seine Jacke ins Gras und lief im Pulli weiter. Nachdem sie wieder einen Hügel hochgekraxelt waren, holte Conor eine Hundepfeife aus seiner Tasche. »Silvie, go!«

Sofort sauste der Hund los. Er rannte den Hügel hinab zu den Schafen, die unten beim Fjord grasten.

»Come back!«, rief Conor. »Hopp-hopp!«

Silvie rannte im Zickzackkurs hinter den Schafen her. »Mäh!«, machten die Tiere und hüpften den Berg hoch.

Jakob klatschte begeistert in die Hände. »Die kommen zu uns! Hopp-hopp, schneller!«

In dem Moment blieb die Herde plötzlich wie angewurzelt stehen.

»Was ist denn jetzt?«, fragte Jakob verdutzt.

Conor lachte. »Die Schafe hören nur auf meine Stimme. Aber du darfst gerne mal in die Hundepfeife blasen.«

Jakob pustete, so fest er konnte.

»Den Ton kann nur der Hund hören, wir Menschen nicht«, wusste Hanna.

»Ganz genau«, sagte Grace. »Du kennst dich ja super aus.«

Silvie rannte weiter und trieb die Herde langsam den Berg hinauf. Sie ließ nicht locker, bis alle Schafe auf der oberen Weide waren.

»Sehr gut, Silvie«, lobte
Conor. Zur Belohnung bekam
der Hund ein Leckerli.

Die Schafe freuten sich über das
frische hohe Gras. Streicheln lassen wollten sie sich leider nicht, aber es war auch total
schön, ihnen einfach nur zuzusehen. Bis es zu regnen begann.

»Ich hol schnell meine Jacke«, sagte Jakob und flitzte los.

Kurze Zeit später kam er aufgeregt zurück. »Auf meiner Jacke liegt ein
Schaf!«

Grace sah ihren Vater an. »Das ist bestimmt Emmi. Kommt mit, vielleicht sind sie schon da.«

»Wer ist da?«, wollte Hanna wissen, aber Grace und Conor hatten keine
Zeit, um zu antworten. Schnell rannten sie den Hügel hinab. Hanna und
Jakob düsten hinterher.

Auf der Jacke lag wirklich ein Schaf! Es schleckte zwei kleine weiße
Wollknäuel ab.

Conor grinste. »Alles gut gegangen. Emmi hat zwei gesunde Lämmer
geboren.«

»Sind die süß«, flüsterte Hanna.

»Sie versuchen schon aufzustehen!«, rief Jakob.

Es klappte nicht gleich beim ersten Mal, doch bald standen die Lämmer auf ihren dünnen, wackeligen Beinen. Sie drängelten sich unter den Bauch ihrer Mama, und schon hörte man sie zufrieden schmatzen.

»Mahlzeit!«, sagte Jakob.

Als die Lämmer satt waren, hüpften sie neugierig um ihre Mama herum. Ein Lamm knabberte an Hannas Hose. Das andere steckte sein Maul in Jakobs Jackentasche.

»Nein, nicht das Puzzleteil auffressen!«, protestierte Jakob und holte sich das Teil zurück.

Alle lachten, und Silvie bellte. Dann sagte Grace: »Ihr dürft den Lämmern gerne Namen geben. Wie sollen sie denn heißen?«

Hanna und Jakob überlegten.

»Wie wär's mit Max und Moritz?«, schlug Hanna vor.

Jakob grinste. »Ja, das passt super. Ich wette, dass die Lämmer sich noch viele Streiche ausdenken werden.«

»Kann schon sein«, brummte Conor und warf einen Blick auf seine Armbanduhr. »Aber jetzt sollten wir wieder nach Hause gehen. Heute ist St. Patrick's Day.«

Davon hatten Hanna und Jakob noch nie gehört.

»Das ist ein ganz wichtiger Feiertag bei uns«, erklärte Grace. »St. Patrick ist der Schutzheilige von Irland. Ihm zu Ehren pflücken wir Kleeblätter und ziehen uns grüne Sachen an.«

Jakob krauste die Nase. »Weil Irland so grün ist, oder?«

»Stimmt«, sagte Conor. »Beeilt euch! Sonst verpassen wir die Parade.«

Eine Stunde später standen Hanna und Jakob an der Dorfstraße und winkten mit grün-weiß-orangefarbenen Fahnen. Pferdekutschen rollten an ihnen vorbei. Trommler und Trompeter marschierten auf und spielten Blasmusik. Dann kamen Dudelsackbläser. Die Menschen am Straßenrand sangen irische Volkslieder, und Tänzer in grünen Kostümen drehten sich zur Musik.

Hanna kicherte. »Seht mal den Mann da drüben. Der hat einen grünen Bart!«

Eine Stadt ohne Autos
Italien

Hanna blickte ein letztes Mal über die grünen Hügel der Schaffarm. »Ich werde Irland vermissen! Und ich freue mich schon auf das nächste Land.«

»Wo geht es denn jetzt hin?«, fragte Jakob gespannt.

Hanna machte den Umschlag auf, den Grace ihnen gegeben hatte. Darin waren ein Kleeblatt, das Puzzleteil von Irland und ein Zettel von Tante Mondo mit einem Rätsel.

Nach Süden reise ich voraus.
Das Land sieht wie ein Stiefel aus.
Doch brauchst du keine Stiefel dort.
Schön warm ist es an diesem Ort.

»Ich weiß es«, rief Jakob stolz. »Italien! Wir waren doch letztes Jahr im Sommer am Gardasee, und da hat Papa immer gesagt, wir sind ganz oben im Stiefel, und hat uns diese Landkarte gezeigt.«

»Ja, stimmt«, sagte Hanna. »Am Gardasee war es toll. Da will ich wieder hin.«

Jakob schüttelte den Kopf. »Nö! Ich will lieber was Neues sehen.«

Sie berührten den Zug und ließen sich herumwirbeln. Erst wehte noch ein kalter Wind. Bald wurde es wärmer. Hanna und Jakob landeten auf zwei harten Sitzen. Sie hörten Kinder lachen, dann rief ein Mädchen auf Italienisch: »Ich will ans Fenster!«

Hanna öffnete die Augen. Wo waren sie? In einem Bus? Aber warum schaukelte der so komisch?

»Schau mal!«, sagte Jakob. »Draußen ist überall Wasser.«

Ein Junge setzte sich neben sie. »Ciao! Ich bin Lorenzo. Ihr seid zum ersten Mal in Venedig, oder?«

Eine Lehrerin ging durch die Reihen. »Habt ihr alle einen Platz gefunden? Molto bene!« Überrascht blieb sie vor Hanna und Jakob stehen. »Nanu? Zwei neue Kinder in meiner Klasse?«

»Wir kommen aus Deutschland«, erklärte Hanna. »Das ist mein Bruder Jakob, und ich heiße Hanna.«

Die Lehrerin lächelte. »Wie schön! Ihr dürft gerne bei unserem Schulausflug mitmachen. Ich bin Lucia.«

Und schon ging es los. Das Boot war ein Wasserbus und hieß Vaporetto. Der Motor brummte. Langsam fuhr das Vaporetto über eine breite Wasserstraße, den Canal Grande. Rechts und links waren prächtige Häuser. Lucia erzählte, dass Venedig auf Inseln erbaut worden war, die vom Wasser überschwemmt gewesen waren. Deshalb hatte man die Häuser auf ganz viele Holzpfähle gestellt.

Jakob grinste. »Cool! Damit sie nicht wegschwimmen können.«

Dann kam ihnen eine Gondel entgegen. Ein Mann stand darauf mit einem langen Ruder in der Hand. Er lüftete seinen Hut und winkte den Kindern zu.

Lorenzo wurde ganz aufgeregt. »Ich kann auch schon rudern! Mein Papa bringt es mir bei. Einmal sind wir den ganzen Canal Grande rauf und runter gefahren.«

Hanna fand das toll und die anderen Kinder auch. Später fuhren sie an einem besonders schönen weißen Palast vorbei. Lucia wusste, dass man sich dort berühmte Bilder ansehen konnte.

Jetzt meldete sich Chiara. »Ich kann auch gut malen!« Sie zog einen Block heraus und zeichnete die Rialtobrücke, auf die sie gerade zufuhren.

Jakob sah Chiara über die Schulter. Das Bild war wirklich toll. Die Brücke sah genauso aus wie in echt, mit den großen weißen Torbögen.

Chiara schenkte das fertige Bild Hanna und Jakob, als Erinnerung an Venedig.

»Grazie!«, bedankte sich Hanna. »Das ist echt nett von dir.«

Sie fuhren weiter an prächtigen Palästen und Kirchen vorbei. Irgendwann stand Lucia auf und verkündete: »Bei der nächsten Station steigen wir aus.«

Hanna und Jakob konnten es kaum erwarten. Mit den anderen Kindern liefen sie durch die engen Gassen der Stadt. Es ging über viele Plätze und kleine Brücken. Ganz schön verwirrend, wie in einem Labyrinth! Und das Beste war: Es gab nirgendwo Autos!

Mittags setzten sie sich in eine Pizzeria. Der Bäcker warf den runden Teig hoch und drehte ihn auf seinem Zeigefinger wie einen Kreisel.

»Das kann ich auch«, sagte Matteo stolz. »Meine Mama hat es mir beigebracht.«

Der Bäcker winkte Matteo zu sich her. »Komm, zeig es uns!«

Matteo bekam einen Teig und legte los. Er wirbelte das runde Teil superschnell herum. Ein bisschen zu schnell, denn …

»Flatsch!« Plötzlich hatte Lorenzo den Teig im Gesicht.

Alle Kinder lachten. Dann aßen sie Pizza mit Tomaten, Basilikum und Mozzarella. Die schmeckte superlecker. Lucia fragte Hanna und Jakob: »Was könnt ihr eigentlich besonders gut?«

Die Klasse sah sie neugierig an. Jakob wurde rot. Also richtig toll rudern, malen oder Pizza backen konnte er schon mal nicht, so viel war klar.

Hanna fiel auch erst mal nichts ein. Oder doch? Sie holte tief Luft. »Mein Bruder und ich können besonders gut neue Länder kennenlernen. Wir ha-

ben schon einige spannende Abenteuer erlebt und viele neue Freunde gefunden.«

Lorenzo sprang von seinem Stuhl auf. »Wir wollen auch eure Freunde sein!«

»Ja!«, brüllten alle Kinder begeistert.

Hanna und Jakob freuten sich riesig. Sie umarmten ihre italienischen Freunde und liefen mit ihnen zum Markusplatz. Dort staunten sie über den Dom mit den fünf Kuppeln. Sie entdeckten den goldenen Löwen über dem Haupttor. Tausend Tauben flatterten über ihren Köpfen. Und eine Taube hatte das Puzzleteil von Italien im Schnabel.

Singen macht Mut
Lettland

»Sollen wir zwischendurch mal nach Hause?«, fragte Hanna. Sie hatten sich von Lucia und der Klasse verabschiedet. Jetzt schlenderten sie zu zweit durch die Gassen von Venedig und schleckten ein Eis.

Jakob dachte kurz nach. Dann schüttelte er energisch den Kopf. »Mama und Papa sind bestimmt noch im Garten und wollen, dass wir ihnen beim Unkrautzupfen helfen.«

»Na, wenn das so ist«, sagte Hanna, »dann können wir ja gleich nach Lettland weiterreisen! Da will Tante Mondo nämlich als Nächstes hin.«

Jakob raufte sich die Haare. »Lettland? Wo ist das denn?«

Hanna sah auf ihrem Handy nach. »Hier steht: Lettland ist im Nordosten von Europa und gehört zu den drei baltischen Ländern. Es liegt zwischen Estland im Norden und Litauen im Süden.«

Jakob stöhnte. »So genau wollte ich es gar nicht wissen. Lass uns endlich losfahren!«

Sie berührten den Zug. Erst passierte gar nichts und dann ganz viel auf einmal. Sie sausten unglaublich schnell durch die Lüfte. Regentropfen klatschten ihnen ins Gesicht. Danach schien wieder die Sonne. Sie landeten auf weichem Sand und hörten das Meer rauschen.

Hanna jubelte: »Wir sind an der Ostsee!«

Jakob zog die Schuhe aus und ließ eine Welle über seine Füße schwappen. »Brr! Das ist ja eiskalt!«

»Hab ich mir schon fast gedacht«, sagte Hanna. Sie wickelte sich den Zickzackschal von Tante Mondo fest um den Hals. »Aber superschön ist es hier.«

Am Ufer standen Birken mit frischem grünem Laub. Die Sonne glitzerte auf dem Wasser. Der Himmel war so weit und klar. Ganz hinten, zwischen dem Meer und einer großen Wolke, sah man ein Schiff.

Hanna tippte Jakob auf die Schulter. »Fang mich!«

»Na warte, dich hab ich gleich!«, rief Jakob.

Sie rannten am Strand entlang. Niemand war hier außer ihnen beiden. Jakob fing Hanna, und Hanna fing Jakob. Das machten sie so lange, bis sie verschnaufen mussten. Danach bauten sie eine tolle Sandburg mit Zugbrücke und vier Türmen. Als sie damit fertig waren, breitete Hanna ihre Jacken am Strand aus. Sie legten sich hin und bewunderten die Sandburg und sahen den Wolken auf ihrer Reise am Himmel zu.

»Die Wolke da sieht aus wie Mama«, sagte Jakob leise.

Hanna drehte sich zu ihm herum. »Jetzt wärst du doch gerne zu Hause, oder?«

Jakob seufzte. »Ja. Oder Mama müsste hier sein. Sie würde mit uns Fangen spielen und noch eine Burg bauen. Wir würden Muscheln sammeln und …«

»Das können wir doch auch zu zweit machen«, versuchte Hanna ihren Bruder zu trösten.

»Stimmt.« Jakob stand schnell auf. »Auf Tante Mondo warten wir diesmal auch nicht. Wer weiß, wohin die schon wieder unterwegs ist!«

Hanna und Jakob fanden drei Muscheln am Strand: eine weiße, eine

schwarze und eine rosa-weiß gestreifte. Hanna wickelte die Muscheln in ein Taschentuch und legte sie vorsichtig in ihren Rucksack.

Plötzlich hörten sie ein Mädchen singen. Aber am Strand war niemand. Neugierig liefen Hanna und Jakob die Düne hoch. Zwischen den Birken führte ein schmaler Weg zu einer Wiese. Dort kamen Kinder von allen Seiten zusammen. Sie stellten sich nebeneinander und sangen im Chor.

Sie sangen ein lettisches Lied von einem Mädchen, das ein goldenes Schilfrohr suchte. Das Mädchen lief durch dunkle Nacht und Nebel. Langsam wurde es hell. Endlich fand das Mädchen das goldene Schilfrohr. Es schaukelte im Wind sanft hin und her. Und das Meer rauschte dazu.

Die Kinder sangen wunderschön. Hanna und Jakob wurden ganz still und hörten zu. Das Lied ging zu Ende. Ein letztes Mal sangen die Kinder die Melodie. Dann fassten sie sich an den Händen.

Hanna und Jakob liefen zu den Kindern hin. »Das war so toll!«, schwärmte Hanna.

»Wo habt ihr das gelernt?«, wollte Jakob wissen.

Ein Mädchen mit einem Blumenkranz im Haar antwortete: »In Lettland singt fast jeder in einem Chor. Wir sind ein Volk der Sänger und kennen ganz viele Volkslieder.«

Der Junge neben ihr sagte: »Das Singen verbindet uns und macht uns glücklich. Und es gibt uns Mut, wenn wir mal traurig sind.«

Jakob räusperte sich. »Könnt ihr uns ein Lied vorsingen, damit wir es lernen?«

»Natürlich«, sagte das Mädchen. »Ich bin übrigens Kristine, und ich spreche auch Deutsch. Früher haben viele Deutsche in Lettland gewohnt.«

Hanna und Jakob durften sich zwischen Kristine und Andris stellen. Die lettischen Kinder sangen ein paarmal die Melodie vor. Diesmal war es ein Lied über die Tiere in Lettland: die Hasen, Füchse und Rehe. Bald konnten Hanna und Jakob mitsingen. Sie fassten sich an den Händen und gehörten dazu. Es machte so viel Spaß, gemeinsam zu singen.

Jakob war gar nicht mehr traurig. Er freute sich jetzt schon darauf, Mama mit dem lettischen Volkslied zu überraschen.

Vorsicht, Drache!
Polen

»Tante Mondo hat uns schon wieder ein Rätsel geschickt«, sagte Hanna. Sie saß mit Jakob in einer Schaukel und winkte den lettischen Kindern, die über die Wiese nach Hause gingen.

»Zeig mal her!«, rief Jakob neugierig.

Auf Hannas Handy war eine Flagge zu sehen: oben weiß und unten rot. Tante Mondo hatte dazugeschrieben: »Ich reise jetzt in ein Nachbarland von Deutschland. In eine ganz tolle Stadt mit einem Drachen. Sie liegt an einem Fluss, der heißt Weichsel.«

Hanna runzelte die Stirn. »Diesmal habe ich echt keine Ahnung, welches Land das sein soll.«

»Egal«, sagte Jakob. »Den Drachen will ich unbedingt sehen!«

Sie berührten den Zauberzug und wurden herumgewirbelt – aber gar nicht so lange. Kaum hatte die Reise begonnen, hörte sie schon wieder auf. Hanna und Jakob landeten in einer großen Kirche. Die Decke war blau wie das Himmelszelt. Jemand hatte tausend goldene Sterne daraufgemalt.

»Ist das schön hier!«, flüsterte Hanna.

In der Kirche waren sehr viele Menschen. Sie strömten nach vorne zum Altar und murmelten gespannt: »Gleich ist es so weit.«

Ein kleiner Junge rief: »Ich will auf deine Schultern, Papa!«

»Na, dann komm, Wiktor«, sagte sein Vater.

Hanna legte schnell ihren Rucksack auf einer Bank ab. Danach stellte sie sich auf die Zehenspitzen.

Ein netter Mann machte für Jakob Platz. »Hier kannst du alles gut sehen.«

Eine Nonne ging zum Altar und öffnete mit einem langen Stab die beiden Flügel. Der Altar sah aus wie ein riesiges Buch. Die Figuren waren aus Holz geschnitzt, bunt bemalt und sahen richtig echt aus. Jakob entdeckte Maria und den Engel, der ihr verkündete, dass sie bald einen Sohn bekommen würde: Jesus.

Der kleine Wiktor klatschte begeistert in die Hände.

»Und wo ist jetzt der Drache?«, fragte Jakob ungeduldig.

Der Mann neben ihm lächelte. »Den findest du nicht hier am Marienaltar, sondern beim Wawel-Hügel. Ich bin übrigens Karol und wohne schon lange in Krakau.«

»Dann sind wir in Polen, oder?«, fragte Hanna.

Karol nickte. »Richtig! Herzlich willkommen in meiner Heimat.«

Wiktor strampelte mit den Füßen. »Ich will wieder runter, Papa! Und ich will in die Drachenhöhle.«

»Geht klar«, sagte der Vater. Er drehte sich zu Hanna und Jakob um. »Wollt ihr vielleicht mitkommen?«

»Au ja!«, rief Jakob. Hanna war auch sofort dabei. Sie sagten Tschüss zu Karol und gingen hinaus auf den Marktplatz.

Jetzt konnten sie die Kirche von außen sehen. Sie hatte zwei Türme, einen kleineren und einen großen mit einem spitzen Dach. Auf einmal ging dort oben auf dem Turm ein Fenster auf. Ein Mann blies in eine Trompete. Dann machte er das Fenster wieder zu, ging zu einem anderen Fenster und blies noch mal kräftig: »Tööööö-tö-tö-tööö!«

»Warum macht der das?«, wollte Hanna wissen.

Wiktors Papa erklärte es: »Früher hat der Trompeter geblasen, wenn Feinde vor der Stadt waren oder ein Feuer ausgebrochen ist. Heute macht er das jede Stunde. Wir Krakauer lieben unseren Turmbläser.«

»Voll spannend«, behauptete Jakob, obwohl er schnell weiterwollte.

Zum Glück hatte Wiktors Papa das Auto dabei. Sie fuhren durch die Stadt bis zur Weichsel. Dort parkten sie und gingen zu Fuß den Wawel-Hügel hoch. Oben waren ein Schloss und noch eine Kirche. Sie liefen über einen Hof und kamen zu einem Turm aus dunkelroten Backsteinen.

Wiktors Papa blieb vor dem Eingang stehen. »Hier geht es hinunter zur

Drachenhöhle. Dort soll vor langer, langer Zeit ein gefährlicher Drache gehaust haben. Seid ihr bereit?«

»Klar!«, rief Jakob mutig.

Wiktor wollte lieber wieder auf Papas Schultern. Langsam gingen sie die Steinstufen hinunter. Es wurde immer dunkler und kälter. Hanna bekam Gänsehaut. Ganz schön gruselig hier unten! Jetzt waren sie mittendrin in der Höhle. Überall gab es riesige Felsbrocken, sogar an der Decke. Der Boden war feucht. Wasser tropfte von den Felsen.

»Ich hab Angst«, sagte Wiktor.

Sein Papa beruhigte ihn: »Alles gut! Der Drache ist doch gar nicht mehr hier drin.«

Jakob fand die Höhle auch ganz schön unheimlich. Er rief extra laut: »Hallo!«

»Haaa-looo!«, kam es von den Wänden zurück. Ein richtig tolles Echo.

Hanna lief voraus. »Da vorne wird es heller«, rief sie erleichtert. »Ich glaube, da ist der Ausgang.«

Bald standen alle wieder im Freien. Die Sonne schien, und die Vögel zwitscherten.

Jakob rannte die Treppe hoch. »Hurra, da ist der Drache!«

Tatsächlich: Auf einem Felsbrocken stand er. Riesengroß und aus dunklem Metall. Er streckte seine vier Arme in die Luft und riss sein Maul weit auf. Der Drache hatte große, spitze Zähne. Plötzlich kam Feuer aus seinem Maul. Eine Flamme loderte kurz auf und erlosch wieder.

»Das machen die mit einer tollen Technik«, erklärte Wiktors Papa. »Der Drache ist nicht echt, und das Feuer auch nicht.« Dann erzählte er die Geschichte des echten Drachen von damals: »Man sagt, er war richtig gefährlich und hat viele Menschen und Tiere getötet. König Krak versprach demjenigen, der den Drachen besiegte, die Hand seiner Tochter. Viele Ritter versuchten es, aber sie schafften es nicht. Bis eines Tages ein Schusterjunge eine tolle Idee hatte. Er füllte einen Schafspelz mit Pech und Schwefel. Der Drache stürzte sich gierig darauf und fraß das Schaf. Danach bekam er schrecklichen Durst und trank so viel Wasser aus der Weichsel, bis er platzte. Der Schusterjunge bekam die Königstochter und lebte glücklich mit ihr. Und wenn sie nicht gestorben sind, …«

»… dann leben sie noch heute«, sagten Hanna, Jakob und Wiktor im Chor.

Ein paar Kinder kletterten auf den Felsbrocken und setzten sich zu den Klauenfüßen des Drachen. Wiktor traute sich nicht, er war noch zu klein. Aber Jakob rief mutig: »Ich will auch da hoch!« Und schon rannte er los.

Als Jakob auf dem Felsen stand, legte er einen Arm um den rechten Drachenfuß und grinste stolz.

»Bleib so«, sagte Hanna. »Ich mache ein Foto von dir.« Hannas Handy war im Rucksack, aber wo war der Rucksack? Hanna bekam einen Riesenschreck.

Wiktor wusste sofort Bescheid: »Der Drache hat deinen Rucksack gefressen!«

Hanna schüttelte den Kopf. »Das glaube ich nicht. Aber ich weiß, wo ich ihn vergessen habe. In der Kirche.«

»Wir fahren gleich zurück«, schlug Wiktors Papa vor. Vorher machte er noch schnell mit seinem Handy ein paar tolle Fotos von Jakob und dem Drachen. Dann düsten sie los.

Als sie bei der Marienkirche ankamen, blies der Trompeter gerade wieder laut: »Töööööö-tö-tö-töööö!«

Doch Hanna hörte kaum hin. Sie war viel zu aufgeregt, rannte in die Kirche hinein und vor bis zur Bank, wo sie den Rucksack abgelegt hatte. Aber die Bank war leer. Oh nein! Hatte jemand ihren Rucksack geklaut? Hanna bekam schon wieder einen Riesenschreck. Ihr wurde schwindelig, sie musste sich hinsetzen.

Plötzlich räusperte sich jemand hinter ihr. »Ich habe auf euch gewartet.«

Es war Karol. Er lächelte und fragte Hanna: »Der Rucksack gehört dir, oder?«

»Ja, danke, vielen Dank!« Hanna fiel ein großer Stein vom Herzen. Schnell machte sie den Rucksack auf. Handy, Schal, Puzzleteile, alles war zum Glück noch da!

Atemlos kamen jetzt auch Jakob, Wiktor und sein Papa angerannt. Karol gab Jakob das Puzzleteil von Polen und zwinkerte ihm geheimnisvoll zu. »Ich habe gut auf den Rucksack deiner Schwester aufgepasst. Wer weiß, sonst hätte der Drache ihn sich vielleicht doch noch geschnappt!«

Wer holt uns ab?
Schweiz

»Mann, war das aufregend mit dem Drachen!«, sagte Jakob. Er saß mit Hanna auf einer Bank an der Weichsel. Ruhig floss der breite Fluss am Wawel-Schloss vorbei.

Hanna lächelte. »Wie gut, dass der Drache nicht mehr lebt. Also ich will als Nächstes in ein Land, wo es schön ruhig ist.«

Da machte es »Pling!« auf ihrem Handy. Tante Mondo hatte eine neue Nachricht geschickt. Sie wollte jetzt in ein kleines Land reisen, in dem es leckeren Käse und Schokolade gab und viele hohe Berge.

»Das muss die Schweiz sein!«, rief Hanna. »Da wollte ich schon immer mal hin.«

Hanna und Jakob berührten den Zug. Dann sausten sie quer durch Deutschland nach Süden, flogen durch dicke Wattewolken, über hohe, schneebedeckte Berge und landeten schließlich vor einem Holzhaus mit grünen Fensterläden. Holzscheite waren an der Wand aufgestapelt. Im Garten lag noch Schnee, aber die ersten Schneeglöckchen blühten schon.

Jakob fror in seinem Pulli. »Brr, ist das kalt! Komm, wir läuten mal und fragen, ob wir uns aufwärmen dürfen.«

»Gute Idee«, fand Hanna.

Eine Frau mit grauen Haaren und runder Brille öffnete die Tür. »Ihr seid Hanna und Jakob, oder? Ich bin Vreni. Grüezi mitenand!«

»Äh … danke.« Jakob freute sich über die nette Einladung, aber woher kannte die Frau bloß ihre Namen?

Vreni führte sie in ihre gute Stube. Im offenen Kamin prasselte ein Feuer. Auf dem Holztisch standen eine Nusstorte und zwei Tassen. Es duftete nach Schokolade.

»Wollt ihr auch eine heiße Schoggi?«, fragte Vreni. »Eure Tante ist leider schon weg, aber sie lässt euch herzlich grüßen. Immer hat sie es eilig, die gute Mondo.«

Vreni lachte. »Das war schon so, als wir zusammen zur Schule gegangen sind.« Jakob verdrehte die Augen. »Tante Mondo ist echt unmöglich! Und ja, ich will Schoggi.«

Bei Vreni war es sehr gemütlich. Hanna und Jakob schlürften heiße Schokolade und probierten die leckere Nusstorte. Die hatte Vreni selbst gebacken.

Das Haus hatte schon ihrem Großvater gehört. Vreni war hier aufgewachsen, mitten in den Bergen, im Dorf Klosters im Schweizer Kanton Graubünden.

Als Hanna und Jakob satt waren, ging plötzlich die Tür auf. Ein großer Hund kam herein und schnüffelte neugierig an Hannas Bein.

»Wer bist du denn?«, fragte Hanna.

Der Hund legte seinen riesigen Kopf in ihren Schoß und sah sie treuherzig an.

»Das ist Magnus, unser Bernhardinerhund«, erzählte Vreni.

»Ist der nicht ein bisschen zu groß geraten?«, fragte Jakob und rückte mit seinem Stuhl ein Stückchen weg.

Vreni musste lachen. »Es ist gut, dass wir in der Schweiz die großen Bernhardinerhunde haben. Sie sind sehr klug und können zum Beispiel Menschen retten, die von einer Schneelawine verschüttet wurden.«

Hanna streichelte Magnus. Das mochte der Hund sehr. Aber noch mehr mochte er das Feuer im Kamin. Mit einem tiefen Seufzer ließ er sich auf den Boden plumpsen und blickte in die hellen Flammen.

Jakob sah inzwischen aus dem Fenster. Draußen lief eine Familie vorbei mit Schlitten auf den Schultern. Sofort fragte Jakob: »Kann man bei euch jetzt noch Schlitten fahren? Im Frühling?«

»Jo klar«, sagte Vreni. »Gleich ums Eck ist eine Bergbahn. Da könnt ihr mit der Gondel auf den Berg fahren und mit dem Schlitten hinuntersausen.«

»Worauf warten wir noch?«, rief Hanna und sprang schnell auf.

Vreni ging mit ihnen in den Keller. Dort durften sie sich zwei Schlitten aussuchen. Skihosen, Anoraks, Helme und Skibrillen hatte Vreni auch. Die hatten ihren Kindern gehört, als sie noch klein gewesen waren.

»Ich wünsche euch ganz viel Spaß!«, sagte Vreni. »Wenn ihr mit der Gondel oben angekommen seid, habt ihr eine schöne, lange Fahrt vor euch. Die führt in ein anderes Tal. Von dort nehmt ihr den Bus zurück nach Klosters.

Und verpasst bitte den letzten Bus nicht! Der fährt um vier Uhr nachmittags.«

Hanna und Jakob versprachen es. Endlich ging es los. Sie liefen zur Talstation und stiegen in eine Gondel. Hui! So schnell brachte die Gondel sie den Berg hinauf. Hanna und Jakob schwebten über schneebedeckte Tannen und Bergwiesen hinweg immer höher und höher. Dann durften sie aussteigen.

Jakob schob seinen Schlitten zum Start. »Wetten, ich bin schneller unten?«, sagte er übermütig.

»Das werden wir schon sehen«, gab Hanna zurück. »Fahr vorsichtig!«

Jakob verdrehte die Augen. »Ja, Mama!« Mit den Beinen schubste er sich ganz schnell an. Danach fuhr sein Schlitten von selbst. Er musste nur noch lenken.

Hanna war rechts neben ihm. Zu zweit sausten sie nebeneinander die Abfahrt hinunter. Die Sonne schien. Der Schnee glitzerte. Die Berge reihten sich wie Zacken einer weißen Königskrone aneinander. Aber Hanna und Jakob konnten nicht nur die schöne Natur bewundern. Bald kam die erste Kurve. Hanna steuerte mit dem Fuß nach links. Eine Schneewolke stäubte ihr ins Gesicht. Sie bremste, und Jakob düste an ihr vorbei.

»Tschüss, Schnecke!«, rief er ihr lachend zu, bevor er hinter der nächsten Kurve verschwand.

Na warte, dachte Hanna.

Im Wald holte sie auf. Wieder fuhren die Geschwister dicht nebeneinanderher. Manchmal war die Piste ganz schön hart. Die Schlitten hüpften in die Höhe, wenn sie über einen kleinen Buckel fuhren. Der Wind pfiff Hanna und Jakob um die Nasen. Die Tannen flogen an ihnen vorbei. Das Schlittenfahren machte so viel Spaß!

Jakob lehnte sich zurück und überholte seine Schwester ein zweites Mal. Das Tal kam immer näher. Rechts und links tauchten Holzhäuser auf. Der Schnee wurde matschig. Dann endete die Schlittenbahn.

»Ich bin Erster!«, jubelte Jakob.

»Aber nur ganz knapp«, sagte Hanna.

Sie standen auf und sahen sich an. »Noch mal!«, riefen sie gleichzeitig.

Schnell stapften sie mit den Schlitten zum Bus und fuhren zurück zur Bergbahn, die sie wieder hochbrachte. Bei der zweiten Abfahrt war Hanna die Erste, und bei der dritten Abfahrt auch.

Jakob wollte unbedingt noch mal fahren. Hanna sah auf die Uhr. »Du, das wird knapp mit dem Bus«, warnte sie.

Jakob lachte nur. »Den kriegen wir schon noch!«

Die letzte Abfahrt war besonders toll. Jakobs sauste wieder als Erster ins Ziel und freute sich wie ein Schneekönig. Im Tal wurde es jetzt langsam dunkel. Sie schoben ihre Schlitten zum Busparkplatz. Der Platz war leer! Den letzten Bus sahen sie nur noch von hinten, wie er auf der Straße davonfuhr.

»Mist!«, schimpfte Jakob. »Wie kommen wir denn jetzt zurück?«

Hanna rief Vreni an, doch die sagte: »Ich kann leider nicht Auto fahren. Aber ich schicke euch jemanden, der wird euch abholen. Rührt euch nicht vom Fleck und wartet!«

Hanna und Jakob setzten sich auf eine Bank. Erst war ihnen noch warm vom Schlittenfahren, aber bald froren sie trotz Anorak. Es war kalt und dunkel, und es fing an zu schneien. Hanna schob den Zickzackschal bis zur Nase hoch.

»Wie lange dauert es denn noch?«, fragte Jakob.

Hanna kuschelte sich an ihren Bruder. »Nicht mehr lange, du wirst sehen.«

Plötzlich rannte ein dunkler, großer Schatten auf sie zu.

»W…wer ist das?«, fragte Hanna ängstlich.

Der Schatten kam immer näher. Er machte laut: »Wuff, wuff!«

Hanna rief: »Magnus? Bist du das?«

»Wuff!«, bellte der Hund wieder. Jetzt war er bei ihnen und wedelte begeistert mit dem Schwanz.

Hanna war unglaublich froh. Sie streichelte Magnus, und Jakob sagte: »Toll, dass du da bist! Du weißt bestimmt, wo Vreni wohnt, oder?«

Klar wusste Magnus das! Er führte die Kinder sicher nach Hause, an der langen Straße entlang bis nach Klosters.

Vreni stand in der offenen Tür. Im Kamin brannte ein helles, warmes Feuer. »Bin ich froh, dass ihr gesund zurück seid!« Vreni umarmte Hanna und Jakob und lobte Magnus: »Braver Hund, guter Hund!«

»Dürfen wir bei dir übernachten?«, fragte Hanna.

Vreni lächelte und sagte auf Schweizerdeutsch: »Ihr sid ganz härzlich iglade!«

Viel Glück!
Bulgarien

Als Jakob am nächsten Morgen die Augen aufschlug, lag Magnus vor seinem Bett und schnarchte.

»Psst!«, machte Jakob. »Schau mal, Hanna. Ich glaube, Magnus hat die ganze Nacht auf uns aufgepasst.«

Hanna lächelte. »Er ist so ein toller Hund!«

Magnus gähnte herzhaft und trottete langsam zur Tür hinaus. Jakob sprang aus dem Bett und schlüpfte in seine Hose. Da entdeckte er auf dem Nachttisch einen Umschlag. »Post von Tante Mondo!«, freute er sich.

»Was hat sie geschrieben?«, wollte Hanna wissen.

Doch in dem Umschlag war kein Brief. Die Tante hatte ihnen ein Puzzleteil von der Schweiz geschickt und ein weiß-rotes Armband, an dem ein weißes und ein rotes Püppchen baumelten. Jakob probierte das Armband gleich an. Es sah hübsch aus. Ein kleines Schild war auch noch daran. Darauf stand: Bulgarien.

»Wo ist das denn?«, fragte Jakob.

Hanna sah auf ihrem Handy nach. »Das ist ein Land im Südosten von Europa. Wollen wir dort hin?«

»Klar!«, sagte Jakob.

Sie berührten den Zug und sausten über die weißen Berge. Dann weiter, immer weiter nach Osten. Sie flogen durch dunkle, schwarze Wolken. Und

plötzlich schien wieder die Sonne. Ein letztes Mal wurden sie herumgewirbelt, bis sie schließlich auf einer Straße mit Kopfsteinpflaster landeten. Ringsherum waren gelbe und rote Häuser.

Ein Junge mit Schulranzen kam ihnen entgegen. Hanna sagte Hallo und fragte ihn: »Sind wir hier in Bulgarien?«

Der Junge schüttelte den Kopf.

»Oh!«, sagte Hanna. »Wo sind wir denn dann gelandet?«

Der Junge lachte. »In Bulgarien natürlich! In Plovdiv, der zweitgrößten Stadt.«

Hanna und Jakob sahen sich verwirrt an. Warum hatte der Junge dann zuerst mit dem Kopf geschüttelt?

»In Bulgarien nickt man, wenn man Nein sagt«, erklärte ihnen der Junge. »Und bei Ja schüttelt man den Kopf.«

Jakob grinste. »In Deutschland ist es genau umgekehrt. Ich bin übrigens Jakob, und das ist meine Schwester Hanna.«

»Ich bin Boris«, sagte der Junge. Er zeigte auf Hannas Armband und lächelte. »Tschestita Baba Marta!«

Hanna war schon wieder verwirrt. »Glückliche Oma Marta«, hieß das auf Deutsch. Aber sie hatte keine Ahnung, was das bedeuten sollte.

»Wollt ihr mit zu mir nach Hause kommen?«, fragte Boris. »Wir basteln heute.«

Jakob bastelte total gerne. »Ja«, sagte er, und Hanna nickte.

Zu dritt liefen sie durch die engen Gassen zu einem gelben Haus. Boris wohnte mit seinen Eltern und seiner Schwester Wanja in einer kleinen Wohnung im ersten Stock.

»Wie schön! Du hast neue Freunde mitgebracht«, sagte die Mama von Boris.

Der Papa freute sich auch. Auf dem Küchentisch lagen Schere, Kleber und Wolle. Ein Wollknäuel war weiß, das andere rot. Die gleichen Farben wie bei Hannas Armband! Ob das ein Zufall war?

Boris streckte fünf Finger in die Luft. »Wir brauchen noch fünf Martenizi! Jeder von uns muss einen Glücksbringer haben.«

Seine Mama nickte. »Ja, das stimmt.« Und weil Hanna und Jakob große, verwunderte Augen machten, erklärte sie ihnen, was es mit den Martenizi auf sich hatte. »In Bulgarien gibt es die Geschichte von Baba Marta. Das ist eine alte, launische Frau. Mal bringt sie im März Sonne, mal bringt sie Kälte und Schnee. Damit Baba Marta gut gelaunt ist, basteln wir Martenizi für sie. Die tragen wir so lange, bis wir das erste Frühlingszeichen sehen.«

»Ich weiß, was das für Zeichen sind!«, rief Boris aufgeregt. »Ein blühender Baum, ein Storch oder eine Schwalbe. Und was die Farben bedeuten, weiß ich auch: rote Wangen und weiße Haare, also Gesundheit und ein langes Leben!«

Jetzt bastelten sie um die Wette. Jakob bekam ein Armband mit Quasten. Boris, Mama und Papa wollten eine einfache Kordel. Und Hanna half Wanja, zwei Püppchen selber zu machen.

»Fertig!«, sagte Hanna stolz.

Die Armbänder waren toll geworden. Die Kinder banden sie sich gegenseitig ums Handgelenk und rannten hinaus in die Sonne. Boris und Wanja zeigten Hanna und Jakob das antike Theater von Plovdiv. Sie hüpften die Treppen rauf und runter und spielten Verstecken zwischen den Säulen.

Plötzlich flog ein großer Vogel über ihren Köpfen hinweg. Jakob sah ihn zuerst. Der schwarz-weiße Vogel hatte einen Zweig in seinem langen Schnabel. Er brachte ihn zu einem Nest hoch oben auf einem Baum.

»Ein Storch!«, rief Jakob begeistert. »Der Frühling ist da.«

»Hurra!«, jubelten Boris und Wanja.

Gemeinsam gingen sie zu dem Baum und wickelten die weiß-roten Bänder um die Äste.

»Jetzt dürft ihr euch was wünschen«, sagte Wanja.

Hanna machte die Augen zu. Sie war so aufgeregt, ihr Herz schlug ganz schnell. Hanna wünschte sich, dass sie mit Jakob noch viele spannende Länder entdecken durfte. Ob Jakob wohl denselben Wunsch hatte?

Tante Mondo und die Queen
Großbritannien

Die rot-weißen Bänder flatterten im warmen Frühlingswind. Hanna und Jakob hatten gerade Tschüss zu Boris und Wanja gesagt. Sie blieben noch eine Weile vor dem Baum stehen und sahen dem Storch zu, wie er eifrig sein Nest baute. Irgendwann kam die Storchenfrau angeflogen und klapperte mit dem Schnabel. Sie wollte auch mithelfen.

Da machte Hannas Handy »Pling«. Tante Mondo hatte ein Foto geschickt. Hanna rieb sich die Augen. »Das glaub ich jetzt nicht!«

»Was denn?« Jakob schaute seiner Schwester über die Schulter. Dann pfiff er durch die Zähne. »Das ist ja die Queen! Und Tante Mondo steht ganz nah neben ihr.«

Hanna stemmte die Hände in die Hüften. »Sag bloß, unsere Tante ist mit der Königin von England befreundet und hat es uns nie erzählt!«

»Also, wundern würde mich das gar nicht«, sagte Jakob. »Tante Mondo hat so viele Geheimnisse.«

Hanna warf das Puzzleteil von Bulgarien in den Rucksack. »Weißt du was? Wir reisen jetzt sofort nach Großbritannien, und zwar nach London, in die Hauptstadt.«

Jakob rieb sich die Hände. »Wetten, dass die Queen dort ein Schloss hat?«

»Warte kurz«, sagte Hanna. Schnell tippte sie die Wörter »Queen« und »Schloss« in ihr Handy ein. Eine Sekunde später wussten sie Bescheid.

»Auf zum Buckingham Palace!«, rief Jakob.

Hui, war das diesmal eine lange Fahrt mit dem Zauberzug! Sie sausten einmal quer durch Europa nach Westen.

London war riesig. So viele Straßen und Häuser gab es dort. Und die Autos fuhren auf der linken Straßenseite. Hanna und Jakob wunderten sich darüber, und schon landeten sie in einem roten Doppeldeckerbus.

Der Bus hatte oben kein Dach. Man konnte alles supergut sehen: den Big Ben mit der tollen Uhr. Die Westminster Abbey, in der Prinz William und Kate ihre Hochzeit gefeiert hatten. Und einen grünen Park.

Aus dem Lautsprecher kam die Durchsage: »Next stop Buckingham Palace!«

Jakob sprang schnell auf. »Beeil dich! Hier müssen wir aussteigen.«

Hanna und Jakob rannten zur Treppe. Der Bus bremste, die Tür ging auf, und sie hüpften hinaus ins Freie. Vor dem Schloss war ein runder Platz. Dort drängelten sich viele Menschen. Plötzlich hörten sie einen Trommelwirbel. Zwei Männer machten das Tor auf. Eine Gruppe Soldaten marschierte heraus, mit roten Uniformen und lustigen schwarzen Helmen.

»Das sind Bärenfellmützen«, wusste eine Frau, die links neben Hanna stand. Sie war nett und hieß Jane.

»Was machen die Soldaten da?«, wollte Jakob wissen.

Jane erklärte es. »Sie dürfen nach Hause gehen und sich ausruhen. Dafür kommen neue Soldaten, die unsere Königin beschützen.«

Vor dem Tor blieben die Soldaten stehen. Einer klopfte mit einem Stab auf den Boden. Sofort stampften die Soldaten mit den Füßen. Dann bliesen sie in ihre Trompeten und Posaunen. Andere trommelten, und einer schlug kräftig auf die Pauke. Mit lauter Musik marschierten sie zum Tor hinaus.

Weil das Tor gerade so schön offen war, sagte Hanna zu Jane: »Wir wollen unsere Tante Mondo besuchen. Sie ist gerade bei der Queen. Wahrscheinlich trinken die beiden Tee. Können wir vielleicht kurz ins Schloss rein?«

Jane lachte hell auf. »Da hat euch eure Tante angeschwindelt. Die Queen ist nämlich heute gar nicht hier.«

Jakob ärgerte sich. »Woher wissen Sie das?«

Jane zeigte zum Dach vom Buckingham Palace. »Seht ihr die rot-weiß-blaue Flagge?«

Hanna nickte. »Ja, klar. Das ist die Flagge von England, oder?«

»Ganz genau«, sagte Jane. »Wenn die auf dem Dach ist, bedeutet das, die Queen hält sich nicht im Schloss auf. Nur wenn dort oben ihre königliche Fahne weht, ist die Queen zu Hause.«

Jakob ärgerte sich noch viel mehr. »Tante Mondo ist so gemein!«

Hanna konnte es auch nicht verstehen. Sie holte ihr Handy heraus und zeigte Jane das Foto von der Queen und ihrer Tante.

Jane warf einen kurzen Blick darauf und lächelte. »Ach, so ist das! Wenn ihr eure Tante sucht, müsst ihr ins Wachsfiguren-Kabinett gehen.«

Jakob schnappte nach Luft. »Die Queen ist gar nicht *echt*?«

Jane kicherte. »Aus echtem Wachs, würde ich sagen. Sieht toll aus, oder? In dem Museum könnt ihr übrigens auch Filmstars und berühmte Sportler bewundern.«

Das Museum war gar nicht so weit weg. Sie mussten nur wieder in einen roten Doppeldeckerbus steigen und eine Viertelstunde durch London fahren.

»Next stop Madame Tussauds«, kam die Durchsage aus dem Lautsprecher.

Hanna und Jakob stiegen aus. Vor der Kasse war eine lange Schlange, aber ein Junge drückte ihnen zwei Karten in die Hand. »Schöne Grüße von eurer Tante«, richtete er aus und war plötzlich wieder verschwunden.

Hanna und Jakob gingen ins Museum hinein. Für die Filmstars und Sportler hatten sie keine Zeit. Schnell liefen sie zur Abteilung mit der königlichen Familie.

»Da ist ja die Queen!«, rief Hanna. »Sie trägt ein weißes Abendkleid. Und ihr Mann, Prinz Philip, steht hinter ihr.«

Links neben der Queen waren ihr Sohn Prinz Charles und seine Frau Camilla. Rechts davon lächelten Kate und William.

»Und wo ist Tante Mondo?«, fragte Jakob.

Hanna seufzte. »Schon weg. Wir haben sie wieder mal verpasst.«

Jakob hatte keine Lust mehr, sich zu ärgern. Er schnappte sich Hannas Handy und stellte sich mit seiner Schwester neben die Queen.

»Cheese!«, sagte Hanna.

Sie lachten und winkten in die Kamera. Danach schickten sie das Foto an Tante Mondo. Die würde Augen machen!

Der verzauberte Apfelbaum
Belgien

»Weißt du was?«, sagte Hanna zu Jakob beim Ausgang zum Wachsfiguren-Kabinett. »Diesmal warten wir nicht, wo Tante Mondo hinfährt. Wir suchen uns selbst ein Land aus.«

Jakob grinste von einem Ohr zum andern. »Das machen wir! Können wir irgendwo hinfahren, wo es was Leckeres zu essen gibt?«

Hanna sah sich auf dem Handy die Karte von Europa an. Sie suchte nach einem Land in der Nähe. »Wie wäre es mit Belgien?«, schlug sie vor. »Die Belgier sind berühmt für ihre Waffeln und Pralinen.«

»Voll lecker«, sagte Jakob. »Nichts wie hin!«

Hanna warf das Puzzleteil von Großbritannien in ihren Rucksack. Jakob und sie berührten den Zauberzug, und wie eine Rakete sausten sie hoch in den Himmel. London verschwand unter den Wolken. Sie schwebten über die Nordsee. Dann tauchte grünes Land auf und ein breiter Fluss, der von oben wie eine Schlange aussah. Und schon ging es wieder hinunter. Hanna und Jakob landeten in einem Innenhof. Ringsherum waren hohe Mauern und viele weiße Fenster. Da ertönte ein Gong, und Kinder mit Schulranzen rannten an ihnen vorbei.

»Lass uns später Waffeln essen«, sagte Hanna. »Ich will wissen, wie die Schule von innen aussieht.«

Jakob war auch neugierig. Sie liefen den Kindern einfach hinterher. Man-

90

nomann, war das eine große Schule mit endlos langen Gängen! Die meisten Klassentüren waren schon geschlossen, aber ganz hinten im Flur stand noch eine offen. Hanna und Jakob lugten hinein.

Eine Frau mit blonden kurzen Haaren stand vor der Tafel. Sie winkte ihnen freundlich zu. »Goedemorgen! Habt ihr euch verlaufen, Kinder?«

Hanna und Jakob gingen ins Klassenzimmer hinein. Sie erzählten, dass sie aus Deutschland kamen und durch Europa reisten.

»Koel!«, sagte ein Junge in der ersten Reihe. Er hieß Till und fand das ziemlich cool.

Die Lehrerin lächelte. »Ich bin Frau Mertens. Ihr kommt genau richtig. Wir sind die erste Klasse der Grundschule Antwerpen und spielen gerade Theater. Wollt ihr mitmachen?«

»Ja, klar«, sagte Hanna. Sie durfte sich zu Vanessa in der zweiten Reihe setzen, und Jakob rutschte auf den Stuhl neben Till.

»Unser Stück heißt *Der verzauberte Apfelbaum*«, erzählte Frau Mertens. »Es ist ein belgisches Märchen. Darin geht es um eine arme Frau, die hatte einen Apfelbaum. Wenn die Äpfel reif waren, klauten die frechen Kinder, die Katze und der Hahn ihr die Früchte vom Baum. Eines Tages klopfte ein Mann mit weißem Bart an ihre Tür. Er wollte etwas zu essen haben. Die Frau hatte Mitleid und gab ihm ihr letztes Stück Brot. Der Mann freute sich. ›Du hast einen Wunsch frei‹, sagte er. Die arme Frau wünschte sich, dass jeder, der ihren Apfelbaum berührte, daran kleben bleiben sollte.« Frau Mertens machte eine kurze Pause. »Und jetzt ratet mal, ob ihr Wunsch in Erfüllung ging.«

»Ja!«, riefen alle Kinder.

Frau Mertens nickte. »Richtig. Dann mal los. Verteilen wir die Rollen. Wer will die Frau mit dem Apfelbaum spielen?«

Sofort meldeten sich vier Mädchen. Eine Schülerin hüpfte auf ihren Stuhl und schnippte mit den Fingern. »Frau Mertens, bitte nehmen Sie mich! Ich kann das. Bitte, Frau Mertens!«

Die Lehrerin seufzte. »Setz dich wieder hin, Elise.« Dann ging sie zum Tisch von Vanessa und Hanna. »Möchtest du es versuchen, Vanessa?«

»Äh … ja … sehr gerne.« Vanessa wurde rot.

»Das ist gemein«, beschwerte sich Elise. »Ich bin viel besser als Vanessa.«

Frau Mertens runzelte die Stirn. »Mag sein, Elise. Trotzdem ist erst mal Vanessa dran.«

»Dann will ich gar nicht mitspielen!« Elise war beleidigt und setzte sich schmollend auf ihren Platz.

Mit bunter Kreide malten alle Kinder bis auf Elise zusammen einen Apfelbaum an die Tafel. Danach schoben sie drei Tische zusammen. Das war das Haus der armen Frau. Am Schluss klebte Till sich noch einen weißen Bart ins Gesicht.

Jetzt ging es endlich los! Vanessa zog sich in ihr Haus zurück. Hanna und Jakob schlichen mit den anderen Kindern zum Baum. Blitzschnell klauten sie ein paar Äpfel und rannten weg.

Vanessa lief zur Tür. »Kommt zurück!«, rief sie. »Bringt mir meine Äpfel wieder.«

Aber die Kinder lachten nur.

Vanessa murmelte: »Was soll ich denn jetzt essen? Ich habe doch nur die Äpfel und ein winziges Stück Brot.« Traurig ging sie zurück in ihr Haus.

Da klopfte Till bei ihr an. »Ich hab so großen Hunger. Könnt Ihr mir helfen?«

Vanessa lächelte. »Ihr seht wirklich hungrig aus. Ich gebe Euch mein letztes Stück Brot. Lasst es Euch schmecken.«

»Oh, danke! Ihr seid so nett«, sagte Till. »Dafür habt Ihr einen Wunsch frei.«

Vanessa strahlte. »Jeder, der meinen Apfelbaum berührt, soll daran kleben bleiben!«

Hanna, Jakob und die anderen Kinder warteten ein bisschen. Danach schlichen sie zum Baum und stahlen wieder Äpfel.

Jakob brüllte: »Hilfe, ich klebe fest!«

»Ich auch!«, rief Frauke.

Stefan spielte die Katze und machte empört »Miau, mio, miau!«.

Und Maxime schimpfte: »Du doofer, blöder Apfelbaum!«

Plötzlich sprang Elise auf und lief zu Maxime hin. »Das hast du nun davon, mein Kind! Was habe ich dir immer gesagt? Du sollst nicht stehlen! Aber du hörst ja nicht auf mich, du dummes Ding! Jetzt komm sofort mit nach Hause und … Aaah! Ich klebe auch fest.«

Hanna kicherte. Dann breitete sie die Arme aus und krähte laut: »Kikeriki! Will auch Apfel haben. Kikerikiiii! So ein Mist! Macht mich sofort los. Ich muss zu meinen Hühnern!«

Am Schluss kam Vanessa aus ihrem Haus, stemmte die Hände in die Hüften und lachte. »Ihr seht so komisch aus! Bleibt ruhig noch kleben. Ich befreie euch später.«

Sofort rief Jakob: »Ich klaue nie wieder einen Apfel. Versprochen!«

Frauke und Maxime versprachen es auch hoch und heilig. Stefan machte: »Miau, nie wieder!« Und Hanna krähte: »Kikeriki, nie wieder, kikeriki!«

Frau Mertens wischte sich eine Träne aus den Augenwinkeln. »Bravo, Kinder! Ihr wart alle ganz große Klasse.«

Hanna zwinkerte Jakob zu. Das Theaterspielen hatte so viel Spaß gemacht.

Als die Pausenglocke läutete, sagte Till zu Jakob: »Ich hab Waffeln dabei. Die können wir uns teilen.«

Till öffnete seine Brotdose. Darin lagen vier knusprige Waffeln und das Puzzleteil von Belgien.

Voll gemütlich
Dänemark

»Wollen wir uns wieder selber ein Land aussuchen?«, fragte Jakob.

»Ja, gerne«, sagte Hanna. Sie machte das Schultor zu und winkte den Kindern, die am Fenster des Klassenzimmers standen. Dann drehte sie sich zu ihrem Bruder um. »Ich möchte wieder ans Meer. Da war es so schön.«

»Ich auch«, sagte Jakob.

Gemeinsam sahen sie sich die Europakarte an und entdeckten Dänemark im Norden von Europa. Hanna fuhr mit dem Finger einmal um das Land herum und staunte. In Dänemark war das Meer überall ganz nah!

Hanna und Jakob berührten den Zug. Erst passierte gar nichts und dann ganz viel auf einmal. Alles drehte sich. Sie hoben ab und brausten in den Norden, über die Tulpenfelder der Niederlande, ganz kurz über Deutschland, und dann waren sie auch schon in Dänemark. Hier pustete ihnen der Wind ganz schön ins Gesicht. Hanna und Jakob landeten auf einem Spielplatz am Meer auf einer Rutsche.

»Wrrrommm!« Dicht hintereinander sausten sie hinunter. Aber was war das denn für eine Rutsche? Sie hatte acht Arme, und auf allen Armen kletterten und rutschten Kinder herum.

Jakob rieb sich die Augen. »Das ist ja ein Krake! So was hab ich noch nie gesehen.«

»Wo sind wir hier?«, fragte Hanna ein Mädchen.

»In Greena«, antwortete das Mädchen. »Im Kattegatcentret.«

»Kate-was?«, fragte Jakob.

Das Mädchen lachte. »Ein Museum mit Fischen und Meerestieren. Hier gibt es sogar Haie. Da in dem Haus sind die Aquarien. Hej! Ich bin übrigens Agnes. Viel Spaß noch. Tschüss!« Agnes rannte davon.

Hanna und Jakob rutschten noch mal den tollen Kraken hinunter. Danach probierten sie die anderen Spielgeräte aus. Sie versteckten sich in einer Muschel, kletterten auf einen Krebs und ritten auf einem Fisch. Und während sie spielten, hörten sie das Meer rauschen und die Möwen fröhlich kreischen.

Plötzlich machte Hanna: »Hatschi!«

»Komm, wir gehen rein zu den Haien«, schlug Jakob vor.

Innen gab es viele kleine Aquarien und ein ganz großes mit einem Tunnel. Neugierig gingen Hanna und Jakob hinein. Haie schwammen rechts und links vorbei und über ihre Köpfe hinweg.

Jakob pfiff durch die Zähne. »Sind die cool!«

»Hatschi!«, machte Hanna wieder und holte ein Taschentuch aus ihrem Rucksack.

Der Tunnel war zu Ende. Jetzt sahen sie sich die anderen Fische an. Die bunten Clownfische waren toll und die Rochen auch. Sie entdeckten auch Seepferdchen und Krabben.

»Gleich wird Claus die Robben füttern«, kam eine Stimme aus dem Lautsprecher. »Wer zusehen möchte, kommt bitte zum Außenbecken!«

Hanna und Jakob rannten schnell los.

Claus war schon auf dem Steg. Er ging in die Knie und tippte sich an die Stirn. Sofort sprang eine Robbe aus dem Wasser. Sie gab Claus ein Küsschen auf die Stirn. Dafür bekam sie einen Fisch als Belohnung, und alle klatschten.

Die Robben konnten noch mehr Kunststücke, aber Hanna verpasste ein paar, weil sie dauernd niesen musste. »So was Blödes!«, schniefte sie. »Ich glaube, ich bekomme einen Schnupfen.«

»Oje!«, seufzte Jakob.

»Hier draußen ist es viel zu kalt«, sagte eine Frau hinter ihnen. »Du brauchst eine warme Decke und einen Tee, Hanna.«

Blitzschnell drehte Hanna sich um. »Tante Mondo! Was machst *du* denn hier?«

Die Tante lachte. »Mir Dänemark ansehen natürlich! Wie schön, dass wir uns mal treffen auf der Reise.«

Jakob grummelte: »Ja, endlich! In den anderen Ländern warst du ja immer schon weg.«

»Tut mir leid«, entschuldigte sich Tante Mondo. »Das kann ich euch …«

»Hatschi, hatschi!«, prustete Hanna dazwischen.

Tante Mondo holte ihre Autoschlüssel aus der Handtasche. »Wir fahren jetzt sofort zu meinem Ferienhaus. Da ist es schön warm.«

Hanna konnte es kaum erwarten, dort zu sein. Zu dritt liefen sie zum Parkplatz und stiegen ins Auto. Tante Mondo brauste los: weg vom Hafen, an kleinen Häusern vorbei und an Feldern und Wiesen. Später kamen sie zu einem See, und bald darauf sahen sie rechts wieder das Meer. Tante Mondo kurvte um zwei Ecken. Dann hielt sie vor einem Holzhaus.

»Jetzt schnell rein, ihr beiden«, sagte die Tante.

Das Haus war nicht groß, aber sehr gemütlich. Im Wohnzimmer gab es einen Ofen, und alle Wände und Decken waren aus Holz. Hanna legte sich aufs Sofa. Tante Mondo brachte ihr eine Decke und kochte Tee. »Möchtet ihr auch Kartoffelsuppe?«, fragte sie.

»Au ja!«, rief Jakob, und Hanna machte: »Hatschi! – ja – hatschi!«

Bald saßen sie zusammen am runden Tisch. Sie tranken Tee, löffelten Kartoffelsuppe und aßen Smørrebrød dazu, ein Butterbrot mit Krabben. Die Holzscheite im Ofen knackten, und draußen heulte der Wind.

Tante Mondo legte die Arme um Hanna und Jakob. »Ist das hyggelig!« Sie lachte. »Ihr kennt das Wort noch nicht, oder? *Hyggelig* sagen die Dänen, wenn sie es sich richtig schön gemütlich machen. Wenn sie mit Freunden oder der Familie zusammen sind, gemeinsam was Leckeres kochen und es sich gut gehen lassen.«

»Klingt – hatschi! – sehr schön«, sagte Hanna.

Jakob grummelte: »Sagst du uns jetzt endlich, warum du in den anderen Ländern nie auf uns gewartet hast?«

Tante Mondo legte ein neues Holzscheit in den Ofen. »Natürlich. Wart ihr sauer auf mich? Das tut mir leid. Ich wollte, dass ihr Europa mit euren eigenen Augen seht. Ich wollte, dass ihr die Länder selbst entdeckt. Mit mir wäre es wahrscheinlich nur halb so spannend gewesen. Gar kein richtiges Abenteuer.«

»Ach so«, sagte Jakob. Er musste an die aufregende Zugfahrt in Russland denken, an den Feuer speienden Drachen in Polen und die rasante Schlittenfahrt in der Schweiz. Das hatte alles zusammen mit Hanna so viel Spaß gemacht!

Tante Mondo zwinkerte Hanna und Jakob zu. »Seid ihr noch böse auf mich?«

Beide schüttelten den Kopf und lachten. Dann musste Hanna wieder niesen. Sie hatte schon eine ganz rote Nase.

Tante Mondo holte ein altes Buch aus dem Regal. »Ich habe da eine wunderbare Geschichte zum Gesundwerden. Sie kommt aus Grönland, das gehört zu Dänemark.« Die Tante blätterte im Buch und las vor: »Es war einmal ein mächtiger Himmelsgott, der hieß Torngarsuk. Er sah aus wie ein Bär. Eines Tages war ein Fischer sehr lange draußen im Boot auf dem eiskalten Meer. Als er heimkam, wurde er krank. Der Fischer sprach zu Torngarsuk: »Bitte mach mich wieder gesund. Das wäre wunderbar.«

In der Nacht schlief der Fischer zum ersten Mal wieder richtig gut. Und am nächsten Tag war er gesund!«

Tante Mondo las noch mehr Geschichten aus dem alten Buch vor. Hanna und Jakob hörten zu und kuschelten sich an ihre Tante. Der Abend war so hyggelig! Dann gingen sie ins Bett.

Als Hanna am nächsten Morgen aufwachte, war der Schnupfen weg. Woran das wohl lag? Vielleicht am Tee, an der Kartoffelsuppe oder dem Kuscheln auf dem Sofa. Vielleicht hatte aber auch Torngarsuk mitgeholfen.

Ein lustiger Räuber
Tschechien

»Hier habt ihr das Puzzleteil von Dänemark«, sagte Tante Mondo. »Ich wünsche euch noch spannende Abenteuer auf eurer Reise durch Europa. Ich komme euch ganz bald zu Hause besuchen, versprochen. Dann machen wir das Puzzle gemeinsam fertig.«

Hanna und Jakob umarmten ihre Tante. Die war dann doch neugierig. »Und in welches Land fahrt ihr jetzt?«

Hanna lächelte geheimnisvoll. »Rate mal! Es liegt in Mitteleuropa. Dort gibt es kein Meer, aber die Moldau. Sie ist der längste Fluss des Landes. Und die Hauptstadt heißt Prag.«

»Tschechien!«, rief Tante Mondo.

Jakob grinste. »Richtig! Aber du brauchst gar nicht nach uns suchen. Diesmal fahren wir nämlich zuerst los. Wir sind schneller als du!«

Tante Mondo wuschelte Jakob durchs Haar. Sie war stolz auf Hanna und Jakob und wünschte ihnen viel Glück. Dann verschwand sie in ihrem Zimmer, um ihren Koffer zu packen.

Hanna und Jakob berührten den Zug. Im Sausewind ging es nach Süden. Sie flogen über Deutschland, sahen Berlin unter sich und das Brandenburger Tor. Dann tauchten sie in die Wolken ein, wurden ordentlich herumgewirbelt und landeten auf einer Brücke.

Viele Menschen waren dort. »Ich *liebe* die Karlsbrücke!«, sagte eine Frau zu ihrem Mann. »Ich kann gar nicht glauben, dass sie fünfhundert Meter lang und schon über sechshundert Jahre alt ist.« Die Frau machte Fotos und ging mit ihrem Mann weiter.

Hanna und Jakob sahen sich um. Ihnen gefiel die Karlsbrücke auch sehr gut – und die große Burg oben auf dem Berg. Prag war wunderschön mit seinen goldenen Dächern, den vielen Türmen und der Moldau. Hanna und Jakob liefen an Straßenmusikern vorbei und an Malern. Dann hörten sie Kinder lachen. Die standen im Kreis um einen Mann herum.

Hanna freute sich. »Das ist ein Puppenspieler!«

Sie stellten sich zu den anderen Kindern und sahen zu. Der Mann hatte in der einen Hand eine Prinzessin und in der anderen einen Räuber.

»Ihr seid sooo schön, Prinzessin!«, sagte der Räuber und verbeugte sich vor der Prinzessin. »Euer Haar glänzt wie Gold. Eure Augen sind wie Kirschen. Und Euer Mund ist wie eine Rosenknospe.«

Die Prinzessin, die ein weißes Kleid mit goldenen Sternen trug, trippelte verlegen auf und ab. »Danke, das ist nett. Aber du übertreibst.«

»Überhaupt nicht!«, sagte der Räuber. »Ihr seid die schönste Prinzessin auf der ganzen Welt.«

Die Prinzessin holte einen Spiegel aus der Tasche, um sich selbst zu

bewundern. Da klaute der Räuber der Prinzessin heimlich die goldenen Sterne vom Kleid. Blitzschnell stopfte er sie in seine Ärmel.

Der Puppenspieler ließ die Prinzessin fortgehen. Als sie hinter einer Truhe verschwunden war, nahm der Puppenspieler eine neue Puppe in die Hand: einen Polizisten.

»Hallo, Räuber«, sagte der Polizist. »Hast du schon wieder was geklaut?«

Der Räuber schüttelte den Kopf. »Ich??? Nein. So was würde ich doch nie tun.«

Jetzt fragte der Polizist die Kinder: »Stimmt das?«

»Nein!«, riefen Hanna, Jakob und die anderen Kinder laut.

Der Polizist beugte sich ganz nah zum Räuber vor. »Und was ist mit der Prinzessin? Hast du ihr etwas gestohlen?«

Wieder sagte der Räuber ganz entrüstet »Nein! Nie und nimmer.«

»Liebe Kinder, stimmt das?«, wollte der Polizist wissen.

»Nein!«, brüllten alle.

Der Polizist war ratlos. Er konnte den Räuber nicht einfach verhaften, wenn der immer sagte, dass er nichts gestohlen hatte. »Was soll ich denn jetzt machen?«, fragte er die Kinder.

Hanna stupste Jakob an. »Ich weiß was«, flüsterte sie ihm ins Ohr.

Jakob hörte zu und grinste. »Ja, das ist super!«

Hanna traute sich. Sie holte tief Luft und sagte zum Polizisten: »Lass den Räuber tanzen.«

Der Polizist wunderte sich. Tanzen? Was sollte das denn bringen? Aber weil Hanna nicht lockerließ, sagte er schließlich zum Räuber: »Hast du gehört? Du sollst tanzen. Jetzt sofort!«

Erst weigerte sich der Räuber, aber dann tanzte er doch. Er hüpfte auf und ab und drehte sich. Dabei rutschten die goldenen Sterne aus seinen Ärmeln und fielen auf den Boden.

Die Kinder lachten, und der Polizist drohte dem Räuber mit dem Zeigefinger. »Von wegen, du hast nichts geklaut. Jetzt verhafte ich dich!«

»Nein, nicht!«, flehte der Räuber. Aber es nutzte alles nichts. Der Polizist führte ihn ab.

Die Kinder jubelten und klatschten.

Der Puppenspieler verbeugte sich. »Danke, vielen Dank, liebe Kinder.« Dann winkte er Hanna und Jakob zu sich her. »Einen extra Applaus für euch! Ihr habt so eine tolle Idee gehabt mit dem Tanzen.«

Und wieder klatschten die Kinder begeistert.

Der Puppenspieler öffnete seine Truhe. »Wollt ihr zur Belohnung einmal eine Puppe ausprobieren? Sucht euch gerne eine aus.«

Hanna nahm eine Hexe und Jakob einen Zauberer.

»Ich kann besser zaubern als du!«, sagte die Hexe und wackelte mit dem Kopf.

»Nein, ich!«, rief der Zauberer empört.

Die beiden gingen mit ihren Zauberstäben aufeinander los. Das fanden die Kinder superlustig. Hanna und Jakob mussten auch lachen. Dann gaben sie die Hexe und den Zauberer zurück und wollten weitergehen.

»Počkat! Wartet!«, sagte der Puppenspieler zu ihnen, griff in die Truhe und holte das Puzzleteil von Tschechien heraus.

Mein Freund Lajos
Ungarn

»Tschüss, Prag!«, rief Jakob und warf einen letzten Blick auf die goldene Stadt. Er war mit Hanna die alte Schlosstreppe zur Burg hinaufgerannt.

Jetzt waren sie beide ganz schön außer Puste. Aber es hatte sich gelohnt. Von hier oben hatte man einen tollen Ausblick.

Hanna machte schnell ein paar Fotos. Dann holte sie das Zug-Puzzleteil aus ihrem Rucksack. »Auf nach Ungarn! Davon hat Tante Mondo immer so geschwärmt. Sie war mal im Sommer am Plattensee.«

Jakob berührte den Zug. »Da will ich auch hin!«

Diesmal dauerte die Reise gar nicht lange. Sie wurden kurz herumgewirbelt, schwebten über Österreich und sahen danach unter sich ein weites, flaches Land.

»Da vorne ist der See!«, rief Jakob aufgeregt. »Mannomann, ist der groß!«

Ein Stück vor dem Plattensee landeten sie auf einer Tribüne zwischen vielen Menschen. In der Mitte war ein Reitplatz. Männer mit blauen Anzügen und schwarzen, dreieckigen Hüten führten ihre Pferde herum.

»Szia!«, sagte ein Junge rechts neben ihnen. »Zoltán vagyok.«

»Hallo, Zoltán«, grüßte Hanna zurück. »Wir heißen Hanna und Jakob.« Sie erzählte Zoltán, dass sie zum ersten Mal in Ungarn waren.

Zoltán lachte. »Da habt ihr euch den besten Platz ausgesucht! Das hier ist der schönste Reiterhof in ganz Ungarn.«

Jakob zeigte auf die Männer in den blauen Anzügen. »Was machen die da?«

»Das sind Csikós«, erklärte Zoltán. »Früher gab es ganz viele Pferdehirten in Ungarn. Heute treten sie auf Festen auf und führen ihre Kunststücke vor. Passt auf, jetzt geht es los.«

Die Männer stiegen auf ihre Pferde. Sie ritten im Kreis herum. Sie schnalzten mit ihren Peitschen in der Luft. Ein Pferd spielte mit einem großen Lederball »Fußball«. Ein anderes legte sich mit dem Reiter auf den Boden. Am Schluss stellte sich ein Mann auf zwei Pferde und trieb ein Gespann von drei Pferden vor sich her.

»Bravo!«, riefen Hanna und Jakob. Die letzte Nummer hatte ihnen besonders gut gefallen.

Die Vorführung war aus. Zoltán stand auf und fragte: »Kommt ihr auch mit zum Ponyreiten?«

»Ja, klar«, sagte Hanna sofort.

Jakob rümpfte die Nase. Er fand Ponys langweilig. Und beim Reiten ging es bestimmt immer nur im Kreis herum. »Geht ihr ruhig«, sagte er zu Hanna und Zoltán. »Ich schaue mich mal ein bisschen auf dem Hof um.«

Als seine Schwester und Zoltán weg waren, lief Jakob zum Bauernhaus hinüber. Daneben gab es einen schönen Garten. Unter den blühenden Apfelbäumen standen ein paar Ziegen und ein Esel. Jakob ging zu ihnen hin.

»Na, wie geht's euch denn so?«, fragte er.

»Meck, meck!«, machten die Ziegen und kümmerten sich nicht groß um Jakob.

Der Esel legte die Ohren an und machte zwei Schritte zurück.

»Keine Angst, Kleiner«, sagte Jakob. »Ich wollte euch nur mal Hallo sagen.«

Der Esel beruhigte sich wieder. Er beugte seinen Kopf nach unten und rupfte Grashalme aus. Jakob beobachtete ihn dabei. Er hatte noch nie einen Esel in echt gesehen.

Irgendwann traute sich der ungarische Esel näher heran. Er schnupperte an Jakobs Händen und richtete seine langen Ohren auf. Jakob kraulte den Esel am Hals. Das mochte das Tier, es blieb ruhig stehen.

Da kam eine Frau aus dem Bauernhaus. »Szia!«, sagte sie. »Ich bin Réka. Toll, dass du dich mit Lajos so gut verstehst. Er ist nämlich sehr scheu.«

Jakob freute sich. Sonst war Hanna immer diejenige, der die Tiere vertrauten.

»Möchtest du dich vielleicht mal auf den Rücken von Lajos setzen?«, fragte Réka.

»Äh … ja, gerne«, sagte Jakob.

Réka half ihm beim Aufsitzen. Jakob hielt sich an der Mähne des Esels fest. Es war ganz schön wackelig auf dem Eselsrücken, aber das Fell war weich und warm. Plötzlich lief Lajos los.

»Halt, warte!«, rief Jakob. »Wo willst du denn hin?«

Réka lachte. »Keine Sorge. Lajos kommt immer wieder nach Hause.« Dann ging Réka einfach zurück zum Bauernhaus.

Und was machte Lajos? Der spazierte schnurstracks zum Plattensee und trank Wasser. Jakob dachte jeden Augenblick, dass er gleich herunterfallen würde, aber komischerweise passierte das nicht. Er blieb tatsächlich oben.

Nach einer Weile hatte Lajos seinen Durst gestillt und stapfte zu einer Wiese. Genüsslich rupfte er ein paar Kräuter aus und lief anschließend zum Reitplatz.

Dort waren die Kinder noch beim Ponyreiten. Hanna staunte nicht schlecht, als ihr Bruder auf dem Esel ankam. »Ich dachte, du findest Reiten langweilig?«, sagte sie.

Jakob kraulte Lajos zwischen den Ohren. »Ponys finde ich langweilig, aber Esel sind ja wohl ganz was anderes. Lajos und ich waren übrigens am Plattensee.«

Hanna stieg von ihrem Pony ab. »Den musst du mir zeigen!«

»Gerne«, sagte Jakob. »Ich bringe nur noch vorher Lajos in den Garten zurück.«

Was bringen wir mit?
Mazedonien

»Lass uns wieder in ein wärmeres Land reisen«, schlug Jakob vor.

Hanna steckte das Puzzleteil von Ungarn in den Rucksack, das Zoltán ihr beim Abschied gegeben hatte. »Gute Idee«, sagte sie. »Bei unserem Puzzle fehlen sowieso nur noch zwei Teile. Und ein Land ist Mazedonien.«

Jakob runzelte die Stirn. »Wo liegt das denn?«

Hanna tippte auf die Europakarte in ihrem Handy. »Links neben Bulgarien, wo wir schon waren, im Südwesten.«

»Alles klar«, sagte Jakob. »Da bin ich ja mal gespannt.«

Sie berührten den Zug und ließen sich herumwirbeln. Wieder ging es in den Süden, über Serbien, Montenegro und den Kosovo. Und schon waren sie in Mazedonien. Dort landeten sie in einem Café auf einem Platz mit schönen, alten Häusern.

»Hier bleibe ich!«, rief Hanna, setzte sich an einen runden Tisch und genoss die warmen Sonnenstrahlen. Wie gut, dass Tante Mondo ihnen Taschengeld mitgegeben hatte!

Die Bedienung kam und sagte: »Hallo, ich bin Dina. Was darf ich euch denn bringen?«

»Orangensaft«, sagte Jakob, »und was Süßes.«

Dina lächelte. »Da habe ich etwas ganz Besonderes für euch. Bin gleich wieder da.«

Kurz darauf kehrte sie mit zwei Kuchentellern zurück. Oben auf den Kuchen waren dünne Fäden aus Teig, die sahen aus wie Spaghetti. »Kadaifi, das bedeutet Engelshaar«, erklärte Dina und strich Hanna über den Kopf. »Essen alle Kinder in Mazedonien gerne.«

Die Engelshaare schmeckten wirklich sehr gut. Sie waren mit Mandeln gefüllt. Jakob rieb sich den Bauch. »Lecker!«

Plötzlich fiel Hanna ein: »Bald ist unsere Reise zu Ende. Mensch, wir müssen Mama und Papa noch was mitbringen.«

»Ja, stimmt«, sagte Jakob. »Tante Mondo hat auch immer Mitbringsel für uns dabei, wenn sie von einer Reise zurückkommt.«

Hanna sah sich um. »Aber wo gibt es hier was Schönes zu kaufen?«

Ein Mädchen, das gerade über den Platz lief, blieb vor ihrem Tisch stehen. »Kommt mit! Ich zeige euch den Alten Basar von Ohrid. Da findet ihr bestimmt etwas.«

Hanna bezahlte, und dann gingen sie mit Xenia mit, so hieß das nette Mädchen. Xenia führte sie zu einer kleinen Straße. Dort gab es viele Geschäfte und Stände.

Xenia zog sie zu den Ständen mit Tischdecken, Servietten und Trachtenkleidern. Alle waren reich bestickt mit roten Sternen und Blumen.

Hanna nahm eine Tischdecke in die Hand. »Die würde Mama bestimmt gefallen.« Hanna warf einen Blick auf das Preisschild und erschrak. Die Decke war viel zu teuer.

Jakob hatte inzwischen einen Stand mit handgemachten Lederschuhen entdeckt. »Die wären doch was für Papa.«

Xenia lächelte. »Ja, die sind toll. Wir nennen sie Opanci.«

Doch leider waren auch die Schuhe ziemlich teuer. Hanna und Jakob gingen weiter. Sie sahen wunderschöne Perlen und Schmuckschatullen aus

Holz. Sie bewunderten Ikonen, das waren auf Holz gemalte Heiligenbilder. Und sie fanden kunstvolle Vasen und Kerzenständer aus Keramik.

Beim letzten Stand blieb Hanna ratlos stehen. »Unser Taschengeld reicht nicht. Was sollen wir denn jetzt machen?«

Jakob wusste auch nicht weiter.

Xenia tröstete sie. »Das ist doch nicht schlimm. Viele Mazedonier sind arm. Wenn wir uns besuchen, schenken wir uns kleine, selbst gemachte Sachen. Wir backen oder basteln zum Beispiel etwas.«

Hanna breitete die Arme aus. »Weißt du was, Jakob? Wir könnten doch den Basar malen und Mama und Papa ein Bild schenken.«

Jakob strahlte. »Ja, das ist super! Dann sehen sie all die schönen Sachen, die es hier gibt.«

Xenia lief schnell nach Hause und kam mit Papier und Buntstiften zurück. »Darf ich auch mitmalen?«, fragte sie.

»Klar!«, sagte Hanna.

Zu dritt setzten sie sich auf eine Bank und malten ein großes Bild. Hanna zeichnete die

Stände und die Tischdecken mit den Stickereien. Jakob malte die Leder-schuhe. Und Xenia zeichnete eine Vase mit Blumen darin. Als das Bild fer-tig war, hielten sie es hoch und staunten.

»Ist das schön geworden!«, sagte Xenia.

»Der Basar sieht richtig echt aus«, fand Jakob.

Hannas Augen glänzten. »Ich freue mich schon so, wenn wir das Bild unseren Eltern schenken.«

»Halt, stopp!«, rief Jakob plötzlich. »Da fehlt noch was.« Er schnappte sich einen Buntstift und malte Xenia auf das Bild.

Xenia wurde rot. »Ihr seid wirklich lieb. Soll ich euch jetzt noch meine Stadt zeigen? Ohrid hat 365 Kirchen, für jeden Tag eine. Und wenn wir zum Ohridsee gehen, können wir die Berge sehen. Ganz oben liegt noch Schnee.«

»Au ja!«, sagte Hanna begeistert.

Geheimnisse
Ukraine

Xenia gab Hanna das Puzzleteil von Mazedonien. Dann umarmte sie ihre neuen Freunde und verabschiedete sich.

»Pass auf«, sagt Jakob zu Hanna. »Unser Bild darf nicht kaputtgehen.«

Hanna rollte das Bild vom Basar vorsichtig auf und band ein Gummi darum. Danach verstaute sie es mit dem Puzzleteil in ihrem Rucksack.

»Und jetzt?«, fragte Jakob. »Welches Land fehlt uns noch?«

»Die Ukraine«, wusste Hanna. »Das ist ein Land im Osten von Europa. Es ist fast doppelt so groß wie Deutschland.«

Hanna und Jakob berührten den Zug. Erst passierte gar nichts und dann ganz viel auf einmal. Sie wurden herumgewirbelt und sausten nach Norden. Über Bulgarien und Rumänien ging es im Sausewind in die Ukraine. Hanna und Jakob landeten auf den Treppenstufen vor einer weißen Kirche.

Ein paar Mädchen kamen aus der Kirche, blieben stehen und steckten die Köpfe zusammen. Aufgeregt tuschelten sie miteinander und lachten.

»Hallo«, sagte Jakob. »Was ist los? Haben wir irgendwas Spannendes verpasst?«

Die Mädchen kicherten. Eine ging auf Hanna und Jakob zu und begrüßte sie. »Ich bin Anastasia. Meine Freundinnen und ich freuen uns schon sehr auf Ostern. Wir lieben die Geheimnisse!«

»Welche Geheimnisse denn?«, fragte Hanna gespannt.

Die Mädchen sahen Jakob an und schüttelten den Kopf. Anastasia seufzte. »Dein Bruder ist ein Junge. Ihm dürfen wir sie leider nicht erzählen.«

»Das ist ja doof!«, ärgerte sich Jakob.

Anastasia hakte sich bei Hanna unter. »Wenn du kurz mitkommst, zeigen wir dir was.« Sie drehte sich zu Jakob um. »Keine Sorge, wir kommen gleich wieder zurück.«

Jakob setzte sich auf die Treppenstufen. »Na gut«, grummelte er. »Wenn's unbedingt sein muss. Aber beeilt euch.«

Die Mädchen versprachen es. Sie gingen mit Hanna in ein Haus in der Nähe der Kirche. »Hier wohne ich«, sagte Anastasia. »Und das ist unsere Küche.« Anastasia holte aus dem Schrank eine große Schachtel heraus. Darin lagen lauter bunt bemalte Ostereier.

»Das sind Pysanki, die haben wir selbst gemacht«, erzählte Anastasia stolz.

Und ihre Freundin Daria erzählte: »Pysanki dürfen nur Mädchen und Frauen machen. Das ist ein alter Brauch in der Ukraine. Die Pysanki sind ganz wichtig. Sie bringen das Gute in die Welt.«

Anastasia hielt Hanna die Schachtel hin. »Wir schenken dir und deinem Bruder zwei Ostereier. Du darfst sie aussuchen.«

Das war gar nicht so leicht, denn ein Ei war schöner als das andere. Aber auf einmal wusste Hanna, welche zwei Psyanki sie nehmen würde: eins mit Fischen drauf für Jakob und eins mit Pferden für sich selbst.

»Vielen Dank«, sagte sie zu den Mädchen.

Anastasia lächelte. »Sehr gerne. Und jetzt lauf schnell zu deinem Bruder. Er wartet bestimmt schon auf dich.«

Die Mädchen gaben Hanna eine kleine Schachtel für die Eier mit und wünschten ihr Frohe Ostern.

Ein Ausflug nach Berlin
Deutschland

»Schau mal, was ich gefunden habe«, rief Jakob seiner Schwester entgegen.

Hanna staunte. »Super! Unser letztes Puzzleteil.«

»Das lag unter dem Stein da«, erzählte Jakob.

Hanna setzte sich zu ihrem Bruder auf die Treppe vor der Kirche. Und dann lüftete sie das Geheimnis der ukrainischen Mädchen. Jakob freute sich über sein Osterei mit den Fischen. Hanna legte die Schachtel in den Rucksack. Der war inzwischen ganz schön voll geworden.

Da fingen die Kirchenglocken an zu läuten. Hanna und Jakob lauschten, bis sie verklungen waren.

»Echt schade, dass unsere Reise schon zu Ende ist«, sagte Jakob. »Die Zeit ist so schnell vergangen.«

Hanna war auch ein bisschen traurig. »Wir haben so viele tolle Sachen erlebt. Von mir aus hätten wir uns auch ganz Europa ansehen können – jedes einzelne Land auf unserem schönen Erdteil!«

Plötzlich machte es »Pling!« auf ihrem Handy. Tante Mondo hatte ihnen eine Nachricht geschickt. Hanna las laut vor:

Liebe Hanna, lieber Jakob,
herzlichen Glückwunsch! Ihr habt alle Puzzleteile zusammen. Ich bin stolz

auf euch. Habt ihr Lust auf einen kleinen Abstecher nach Berlin, bevor es nach Hause geht?
Wir könnten uns beim Brandenburger Tor treffen.
Tschüss, Tante Mondo

Hanna kicherte. »Ich glaube fast, Tante Mondo hat uns gerade zugehört. Was meinst du? Sollen wir?«

»Ja, klar!«, rief Jakob. »Auf nach Berlin.«

Sie berührten den Zauberzug und ließen sich vom Wind herumwirbeln. Diesmal ging es nach Westen, über Polen zurück nach Deutschland. Und dann waren sie auch schon mitten im blauen Himmel über Berlin.

»Mannoman, ist das eine riesige Stadt!«, rief Jakob.

»Kein Wunder«, sagte Hanna. »Es ist ja auch unsere Hauptstadt.«

Hanna und Jakob konnten es kaum erwarten. Sie waren zum allererstern Mal in Berlin. Hui! Jetzt sausten sie hinab in die Tiefe.

Vor dem Brandenburger Tor stand Tante Mondo und winkte mit einem schwarz-rot-goldenen Fähnchen. Hanna und Jakob fielen ihrer Tante um den Hals. Sie lachten und freuten sich so, sie wiederzusehen. Dann staunten sie über das Brandenburger Tor.

»Hey!«, rief Jakob. »Die Säulen sehen ja so aus wie in Athen auf der Akropolis!«

Tante Mondo nickte. »Toll, Jakob! Das ist auch kein Zufall. Der damalige König von Preußen, der das Brandenburger Tor gebaut hat, mochte das Alte Griechenland. Deshalb hat er die Säulen ganz ähnlich gestalten lassen.«

»Und oben auf dem Tor sind Pferde!«, freute sich Hanna.

Tante Mondo wusste auch hier Bescheid. »Das ist die Quadriga, die Göt-

tin des Friedens. Sie sitzt in einem Wagen, der von vier Pferden gezogen wird.«

Hanna, Jakob und Tante Mondo waren nicht alleine am Brandenburger Tor. Viele Leute sahen es sich an und machten Fotos.

Ein Mann sagte zu seiner Frau: »Ich bin so froh, dass es die Mauer nicht mehr gibt. Hier stand sie mal, gleich hinter dem Tor. Kaum zu glauben.«

Jakob sah Tante Mondo fragend an. »Was war das denn für eine Mauer?«

Die Tante erklärte es. »Deutschland war einmal durch eine lange Mauer in Ost und West geteilt. Man durfte nicht so einfach vom Westen in den Osten reisen und umgekehrt. Da gab es eine streng bewachte Grenze.«

Hanna schüttelte den Kopf. »Echt? Aber es ist doch so schön, wenn man überall hinfahren und sich alles ansehen kann.«

Tante Mondo lächelte. »Das finde ich auch! Und zum Glück können wir das heute. Das sollten wir feiern, findet ihr nicht? Lasst uns zum größten Bauwerk von Deutschland fahren. Das steht hier in Berlin.«

Hanna holte schnell ihr Handy heraus. »Warte kurz! Das will ich wissen. – Ich hab's! Das muss der Fernsehturm sein.«

»Richtig«, sagte Tante Mondo. »Er heißt Alex, weil er auf dem Alexanderplatz steht. Man kann mit dem Aufzug hochfahren, und oben ist ein Restaurant. Das dreht sich, damit man in alle Himmelsrichtungen sehen kann. Was wollt ihr essen?«

»Pommes!«, riefen Hanna und Jakob.

Tante Mondo lachte. »Geht klar.«

Das große Puzzle
Zu Hause

Der Ober im Restaurant vom Fernsehturm nahm die Kamera von Tante Mondo. »Und jetzt macht bitte alle mal *Cheese*!«

Jakob hielt die Schüssel mit den Pommes hoch. »Cheese!«, sagten er, Hanna und Tante Mondo.

Es blitzte dreimal. Der Ober gab Tante Mondo die Kamera zurück und wünschte ihnen noch viel Spaß in Berlin. Hanna und Jakob suchten das schönste Foto aus und schickten es ihrem Freund Piet in den Niederlanden.

Hanna kicherte. »Wetten, Piet sitzt gerade gemütlich in seinem Zelt und futtert Pommes von Mieke?«

»Ganz bestimmt«, sagte Jakob. Dann fiel ihm ein, dass sie das Foto auch ihren Freunden in Venedig schicken könnten und überhaupt allen Kindern, die sie auf ihrer Reise durch Europa kennengelernt hatten.

Tante Mondo fand, dass das eine super Idee wäre. Und kaum hatten Hanna und Jakob die ersten Fotos verschickt, kamen auch schon begeisterte Nachrichten zurück.

»Es war so schön mit euch!«, schrieb Piet.

Matilda und Manuel schickten drei Smileys und drei Fußbälle. Alexej richtete schaurige Gespenstergrüße aus. »Ciao!«, riefen die italienischen Kinder. Kristine aus Lettland schickte ihnen das Lied, das sie gemeinsam gesungen hatten. Und dann bekamen Hanna und Jakob noch jede Menge

tolle Fotos. Hanna gefiel Hund Magnus auf dem Schlitten am besten, und Jakob fand Esel Lajos super, der auf dem Foto neugierig die Ohren aufstellte.

Tante Mondo klatschte in die Hände. »So, jetzt müssen wir aber langsam mal nach Hause! Wir wollen doch noch zusammen das Europa-Puzzle machen.«

Jakob freute sich nicht nur aufs Puzzeln, sondern auch riesig auf Mama und Papa. Schnell schlüpfte er in seine Jacke. Hanna schulterte ihren Rucksack.

Plötzlich machte Tante Mondo: »Psst!«, und legte den Zeigefinger auf die Lippen. »Euren Eltern verraten wir aber nichts von unserer aufregenden, großen Reise, ja?«

Hanna grinste. »Das bleibt unser Geheimnis.«

Und Jakob nickte feierlich. »Versprochen ist versprochen und wird auch nicht gebrochen!«

Ein letztes Mal berührten sie gemeinsam mit Tante Mondo den Zug. Ein letztes Mal passierte erst gar nichts und dann ganz viel auf einmal. Und ein letztes Mal wurden sie ordentlich herumgewirbelt, bis sie schließlich zu Hause in der Küche landeten.

Mama und Papa kamen gerade aus dem Garten herein.

»Puh!«, seufzte Mama. »Jetzt haben wir aber in einer Stunde richtig viel geschafft.«

Papa zog die Gartenhandschuhe aus. »Das Unkraut ist weg und das Laub vom Herbst, und die Karotten sind auch … Oh, hallo, Tante Mondo! Das ist ja nett, dass du uns mal wieder besuchen kommst.«

Mama gab ihrer Schwester Küsschen auf die Wangen. »Hast du mit den Kindern gespielt? Ach, ein Puzzle, das ist ja schön!«

Hanna und Jakob zwinkerten Tante Mondo heimlich zu. Echt unglaublich, dass Mama und Papa gar nichts mitbekommen hatten. Und dass sie nur eine Stunde weg gewesen waren, obwohl sie doch durch einundzwanzig Länder gereist waren!

Papa kochte Tee, und Mama stellte Tassen auf den Tisch.

»Wir brauchen aber viel Platz für unser Puzzle«, sagte Jakob. »Das ist nämlich richtig groß.«

Mama lachte. »Na gut, dann trinken wir Erwachsenen im Wohnzimmer unseren Tee, und ihr könnt später rüberkommen.«

Tante Mondo verschwand mit Mama und Papa ins Wohnzimmer. Jetzt konnte Hanna in Ruhe ihren Rucksack auspacken. Vorsichtig holte sie die Ostereier, die Matrjoschka-Puppe, die drei Muscheln aus Lettland und das Bild vom Basar heraus. Danach schüttete sie alle Puzzleteile auf den Küchentisch.

Jakob rief: »Auf die Plätze, fertig, los!«

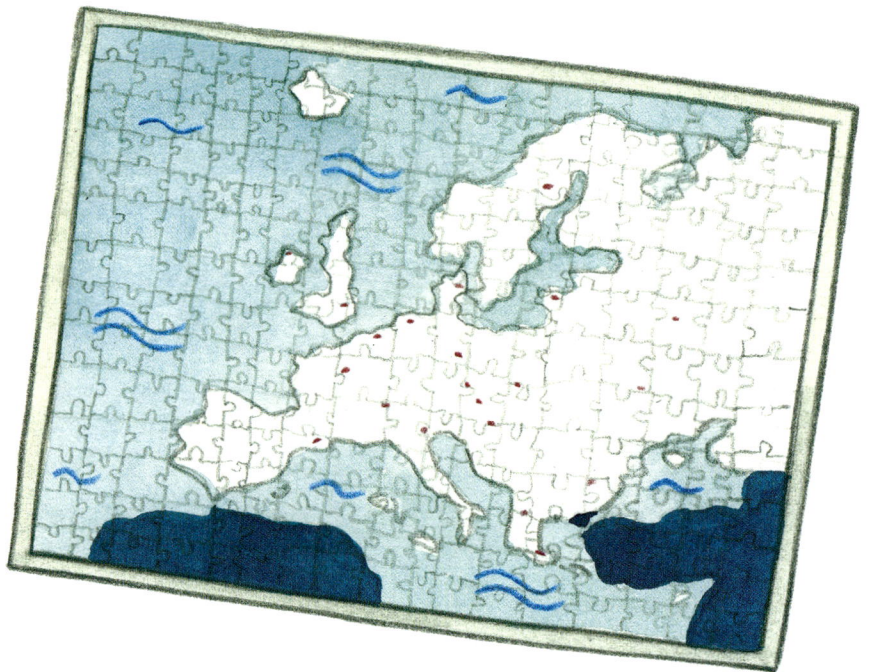

Zuerst drehten Hanna und Jakob alle Teile um, damit sie die Länder sehen konnten. Danach fügten sie ein Teil nach dem anderen ins Puzzle ein. Zwischendurch kam Tante Mondo und half ihnen ein bisschen, aber das meiste schafften sie ganz alleine.

»Fertig«, jubelte Hanna, nachdem sie die Schweiz, das letzte und kleinste Teil, eingefügt hatte.

Jakob kletterte auf den Stuhl, damit er das Puzzle von oben betrachten konnte. »Europa sieht so toll aus«, sagte er. »Wie ein bunter Teppich.«

Hanna fuhr mit dem Finger über die Länder, die sie bereist hatten. »Hier waren wir überall!«

Da kamen Mama und Papa in die Küche. Mama strich Hanna über den Kopf. »Du meinst wohl, in eurer Fantasie wart ihr in all diesen Ländern?«

»Ja … so ähnlich«, sagte Hanna.

Jakob hüpfte wieder auf den Boden. »Auf jeden Fall ist es traumhaft schön in Europa! Und wir haben euch ein Bild gemalt.«

Hanna rollte den Basar aus. Sie legte ihn über das Puzzle, und Mama und Papa sahen sich das Bild an.

»Ist das toll geworden!«, rief Mama begeistert. »Alles sieht so echt aus.«

Auch Papa war total beeindruckt. »Als ob ihr wirklich dort gewesen wärt. In … äh … wo?«

»Mazedonien«, sagte Tante Mondo.

Mama und Papa freuten sich sehr und bedankten sich für das Bild.

»Ein neues Lied haben wir übrigens auch gelernt«, erzählte Hanna. »Wollen wir es zusammen singen?«

»Ja, gerne«, sagte Mama, und Papa meinte: »Dann lasst mal hören.«

Jakob schüttelte den Kopf. »Das geht nur, wenn wir uns an den Händen nehmen und gemeinsam singen.«

Die Küche war klein, aber für einen Kreis prima geeignet. Jakob sang das Lied aus Lettland einmal vor. Dann sangen sie es zusammen. Und Tante Mondo zauberte, dass alle Kinder in Europa dieses Lied hören konnten. Hier und jetzt.

Island

↖ Dänemark
(Grönland)

Dänemark
(Färöer)

Irland

Man

Großb...

Guernsey — Jersey

Fran...

Atlantischer Ozean

Andorr...

Portugal

Spanien

Mittelme...

Afrika